宝塚 非公認ファンクラブ マニュアル

恋文かなえ
Koibumi Kanae

風詠社

はじめに

　この本をお手に取って下さり、ありがとうございますですの
(*´ω｀*)　お手紙ちゃん、とっても嬉しい (≧▽≦)

　お手紙ちゃん、今日は活字の中に出張しちゃいましたの。いつ
もは、ご存知の通り、２ちゃんねるの中に生息してますの。今日
は何で出張して来たかというと。お手紙ちゃん、どうしても皆様
にお伝えしたいことがありますの (ﾟДﾟ)ノ　それは、

　どうしたら宝塚のスターさんに愛されるか。
　どうしたらファンクラブの中の順位を上げることが出来るのか。

ということですの。

　お手紙ちゃんがヅカファンになって 20 年弱。ファンクラブに
入って 14 年以上経ちますの。**退団まで見送ったスターさんは３人。**
その中で得た経験や知識を皆様に知って頂いて、スターさんに愛さ
れ、楽しい幸せなファン生活を送って欲しいんですの (*´ω｀*)
　２ちゃんねるの宝塚スレでは、毎日毎日、悩みや相談が書かれ
てますの。
「どうして同じくらいの貢献を上げているのに、あの人の方が良
席を貰えるの？」
「ファンクラブの人間関係に悩む」

「スターさんはあの人がお気に入り」
「スターさんに嫌われたかも知れない」

　長い間見続けていると、それは同じ質問、同じ悩みがエンドレスループしてますの。人の悩みは万物共通。年月が経っても変わりませんの。昔、お手紙ちゃんが悩んで悲しんだことと全く同じ。
　だから、お手紙ちゃんが知り合いの代表さんやスタッフさんに相談したり、人に聞いたり自分が体験したことを知って頂いて、読んで下さった方のこれからのファンクラブ活動が楽しくなれるように、ますます幸せな毎日が過ごせるといいなと思って、執筆することにしたんですの (≧▽≦)

　執筆するにあたって、お手紙ちゃんの名前で本を出そうかと思っていたのですが、違う名前の方がいいって、住民様からご意見頂戴しましたの。そして、「恋文かなえ」という素晴らしいお名前を頂戴しましたの。
　しかも語尾がキモイ、読みづらいとのご指摘も頂戴しましたので、本文は真面目な文体で、名前に相応しい文章で書くつもりですの。

　最初から読むも良し。気になるところだけを読むのも良し。
　あなたのヅカファン生活が、そして毎日が楽しくなりますように。お手紙ちゃんは、そう思っておりますの。

　それでは読みたいページを読んでみて下さいね、ですの (*´ω`*)

目　次

宝塚 非公認ファンクラブ マニュアル

はじめに　3

第1章　秘密のベール、宝塚のスターのファンクラブって何？

宝塚歌劇団には公認ファンクラブがない！　10

私設ファンクラブ（通称「会」）って何？　11

会に入ると得なこと、損なこと　13

会の代表さんはどんなことをしているの？　17

代表さんの普段の職業は？　24

第2章　どうしたら「会」に入れるの？

手紙で申込書を貰おう　30

チケット出しで申込書を貰おう　30

SNSで紹介してもらおう　31

入会申込書が送られてこない!?　32

第3章　無駄な努力をしないで、会の中で出世する方法

貢献を上げる　35

入り出は貢献に入らない!?　37

お花代の相場はいくら？　39

当日払いのチケットにお花代は必要？　43

カレンダーは何冊買えばいいの？　45

せっかく上げた貢献も水の泡！　もしかしてＮＧな行為ってあるの？　47

第4章　入り待ち・出待ち・お茶会・総見デビューしてみよう！

劇場における入り待ち出待ちについて　50

宝塚大劇場の場合　53

東京宝塚劇場の場合　59

お茶会って何？　71

総見て何？　81

大人会ってどんな会？　87

お客様とおばさまの違い　92

会を通さずにプレゼントや手紙を渡したい　93

差し入れがしたい！　95

主演者会の難しいところ　97

第5章　まるで大奥？ 会の中でのお作法

入り待ちや出待ちの時のルールがあるって本当？　103

集合場所へ行く時に、歩いてはいけない場所があるって本当？　108

劇場近くの飲食店でもルールがあるの!?　113

劇場内でのルール　114

何でそんなルールがあるのか知りたい!!　115

第6章　宝塚スターに愛されるには（お手紙を書こう！初めて編）

日刊お手紙のすすめ　125

朝刊／夕刊でお手紙　127

公演中のお手紙　129

お稽古中のお手紙　131

第7章　宝塚スターに愛されるには（入り待ち出待ち編）

手紙やプレゼントを渡す時の美しい所作ってあるの？　138

初心者が来たら親切に　147

直接スターと話せる時に気を付けることって？　152

これをやったら嫌われる！　絶対にやってはいけないこと！　155

おわりに　158

※本書は2015年6月発行の『宝塚非公認マニュアル』（デザインエッグ社）を改稿したものです

第 1 章

秘密のベール、
宝塚のスターのファンクラブって何？

宝塚歌劇団には公認ファンクラブがない！

　宝塚を見て、「あのスターさん素敵 (≧▽≦) 応援したい！」と思っても、宝塚歌劇団には公式なスターさん個人のファンクラブがありません。

　創設者の小林一三先生の思いである、不公平になってはいけないというお考えのもと、スター個人のファンクラブは作ってはいけないことになっています。

　ですので、現在あるファンクラブは「宝塚友の会」、通称「カモの会」ただ一つです。こちらは抽選によるチケット斡旋のみで、個人スターのファンクラブではなく、宝塚歌劇団全体のチケット販売優先窓口と考えてもいいと思います。

　では、現在あるスター個人のファンクラブは何かと言いますと、それは、私設ファンクラブ、通称「会」という組織です。

　私設といっても、実質は歌劇団には黙認されているし、スターさんの直営と考えても構いません。黙認なので、歌劇団は一切ノータッチ、苦情は受け付けておりません。

　でもチケットの取り扱いもしているいし、お茶会と呼ばれるスターさん本人が来るトークショーも開催しています。つまりは、「会」は非公認ではありますが、歌劇団が黙示的に認めている存在なのです。

私設ファンクラブ（通称「会」）って何？

　会とは、歌劇団は直接タッチしてはいないけど、スターさん本人の個人事務所に近いと考えていいと思います。仕事関係は歌劇団に直接貰っているし、舞台や書籍雑誌などの仕事のマネージメントは歌劇団だけど、それ以外の雑事は全て会がやっていると思っても過言ではありません。

　つまりは会＝個人事務所と考えても構いません。そういう意味では、大金も扱っているし、会は一つの会社と同じです。では、この個人事務所は誰が運営しているのでしょうか。それは「代表」と呼ばれる一般人（歌劇団の社員ではないという意味）です。

　この「代表さん」を、誰がどうやって選ぶのかというと、最終的に選ぶのはスターさん本人です。どこからどうやって連れて来られたのかを説明しましょう。それは、

・ファンの中から信頼出来る人を選ぶ
・親戚やスター本人の友人、もしくはその紹介
・他のスターの代表からの紹介、もしくは前に違うスターの代表
　をやっていた人を紹介してもらう

　大体はこのうちのどれかにあたります。

　第一にあげたファンの中から選ぶ。
これは「ファン上がり」と呼ばれ、スターさん本人が相当信頼し

ているということですね。そうでないと、マネージャー兼付き人には選びません。ただしそれが、人間的に信頼出来るか、文句を言わなさそうな子だからか、何か理由があるのか、それはスターさんによって違います。ただ、ともかく本人が信頼していて、本人の代行業とも言える代表に相応しいと判断したと考えて欲しいです。

　第二にあげた、スターさんの親戚や友人。
こちらもスターさん本人が連れて来た人なので、スターさんが信頼している人です。

　最後の「紹介」。
これは、会社等の組織の動かし方、マネージメントの仕方を信頼しているという意味です。宝塚は特殊な世界なので、経験があるのは強いですし、何らかのコネクションを持っている可能性が高いので、そちらの意味でも力強い人にあたります。特に、前にトップスターや人気スターの代表をやっていた人はその両方を持っているために、あらゆる意味でスターさんや谷町筋、ファンからも喜ばれることがほとんどです。そこらへんも会社組織と一緒です。一流会社の前取締役の敏腕社長なのです。

　要するに「会」とは、歌劇団を通さないスターさん本人のマネージャー兼個人事務所の社長だと思って頂いてほぼ間違いありません。

会に入ると得なこと、損なこと

会に入って得なことと言えば、

・入り待ち出待ちで手紙を手渡し出来る
・お茶会や親睦会の割引
・年賀状などのグリーティングカードが貰える
・グッズが買える
・お稽古待ちなどの情報が得られる

大体こんなところでしょうか。チケットは貢献によって取次が決まるので、人気公演の土日はお断りが来るかも知れません。また、千秋楽や新人公演についても同じです。座席も貢献に応じての扱いになりますので、席が悪くなるかも知れません。それでも、

チケット申し込み枚数＝スターさんの成績になる

ので、ぜひとも申し込んで欲しいところです。

成績が悪いと、スターさんの役付きも悪くもなりますし、最悪クビになるかも知れません。なので、役付きが良くなって欲しいと思う人は、出来るだけスターさんに頼んであげて下さいね。スターさんも申し込みが多いと嬉しいと思います。あと、何と言っても、**スターさんの名前の入ったオリジナルのチケット封筒**は、観劇の良い記念になります。あと新人公演や千秋楽、総見などに、

コピーではありますが、スターさんのメッセージが書かれたカードが入っていることが多いです。下級生の場合は、出番表、立ち位置が書かれた紙を同封してくれる会もあります。

　座席は会が貢献度によって決めてしまうので、前の方が回ってくるのは難しいかも知れませんが、それでも頼んで良かったと思えるので、ぜひ気軽に頼んでみて下さい！　人気公演の場合でも、内部では余ってる場合もあります。

　会としては、チケットが足りなければ、お断りすればいいだけの話。余ってるチケットを売る方が大変なので、人気公演だからと思って遠慮しないで、ぜひ頼んでみて下さいね。

☺ 入り待ち出待ちで手紙を手渡し出来る

　これが私にとって会に入った大きな目的であり、最大の幸せでした。大好きなスターさんに直接、手紙が渡せるのです！

　スターさんがあなたを見つめて「ありがとう」と言ってくれるんですよ。サングラスをしていない瞳に自分が映る。夢にまで見たその瞬間が現実のものになるのです。手紙を渡すその一瞬だけはスターさんと自分の二人きりの時間なんです（笑）。こんな幸せなことはありません。そしてきっと、名前と顔もすぐに覚えてくれることでしょう。

　何故、顔と名前を覚えてもらえると言い切れるのか。それは大概、同じ人が来ているからです。もちろん久しぶりに来る人もいます。でも、基本的に同じメンバーが毎回来ているので、見慣れない顔はすぐに新しい人だと分かります。あとは名前と顔が一致すればいいだけですが、毎回同じ封筒を使えば、あの人だとすぐ

第1章　秘密のベール、宝塚のスターのファンクラブって何？

に覚えてもらえるはずです。スターさんによっては、新しい名前の書いてある封筒を見ただけで、初めて来たあの人だと分かると思います。種明かしすれば、結構簡単な理由なんですね。

☺ 年賀状などのグリーティングカードが貰える

　年賀状に関しては、歌劇の1月号に掲載されるスターさんは歌劇と同じ写真の可能性が高いですが、そうではないスターさんの場合は撮り下ろしの写真になります。

　私が貰った暑中お見舞いは、絽の涼しげな着物姿でした。お正月には、元旦に大好きなスターさんから年賀状が届く。こんな嬉しいプレゼントはないと思いますよ。

☺ グッズが買える

　オリジナルグッズの案内も来ますが、スチールを出している会ですと、販売促進のために「10枚買うとサイン入り」などのキャンペーンを行っている会もあります。これも嬉しいサービスですね。

☺ お稽古待ちなどの情報が得られる

　メールを登録しておくと、「お稽古の初日はいつです」とメールが来ます。また、入りや出などの時間を教えてくれるので、入り待ち出待ちに行けるようになります。やる気のある会だと、雑誌や新聞、スカイステージなどの掲載情報も教えてくれます。

　以上は、ほとんどの会が行っていることですが、それ以外にも以下のようなサービスをしている会と、条件付きではありますが

15

行ってくれる会があります。

☺ スターさんからお礼状が届く

「公演中はありがとうございました」の文字とともに、スターさんからのコメントとサインの付いたお礼状（直筆の場合もありますが、コピーが多いです）が届きます。何より、スターさんの写真が入っているのが嬉しいです。このお礼状に関しては何もしなくても送ってくれる会もありますが、チケットを頼まないと送ってくれない会もあります。

☺ 会報が貰える

　作っている会と作っていない会があります。凝っている会になると、スターさんのフルカラー写真や質問コーナー、コメント、読者のページなどがあり、採用されるとスターさんの写真が貰えたり、何かと嬉しい企画が目白押しだったりしますが、残念ながら、こういった企画もやっていない会の方が多いように思います。

☺ 友達が増える

　これが最大の利点かも知れません。新しい友達が増えて、大好きなスターさんの話をする。こんなに楽しいことはありません。スターさんの情報を交換したりも出来ます。入り出に行けない日の情報を教えてもらえるかも知れません。スターさんから聞いた「今ハマっているもの」「最近見た映画」などを互いに教え合ったり、昔のスターさんの話をするなど楽しい時間が過ごせる友人が出来るということは、会に入る最大のメリットだと思います。

会の代表さんは
どんなことをしているの？

　前の項目でも会のお仕事を紹介しましたが、大きな会の場合、あまりにも仕事が多すぎるので、大概は分業制度にしています。代表はひたすら会のマネジメントと生徒のお世話、大口支援者との打ち合わせや接待などに時間を割かれているようです。

　会のマネジメントとは、先ほどあげた項目のことです。その仕事を誰に振るか。それも代表（＝社長）の仕事です。そして普通の会社と同じように、会にも部長や係長にあたる役職があります。

・代表　＝　代表取締役社長
・幹部　＝　副社長など（2番手以下）
・スタッフ（部長、係長、平社員など）＝　一般社員
・アシスタント　＝　契約社員
・お手伝い　＝　臨時アルバイト

　大体こんな感じですが、基本的には、会に入ってもほとんどの人は一般会員で終わり、スタッフなど責任のある仕事は任されません。普通の一般会員で終わることがほとんどです。

　また、もしアシスタントをすることになった場合は、社員（＝スタッフ）と同じ仕事をさせられることもありますが、会社の形態と同じで契約社員は契約社員です。その他、お手伝い（＝臨時のバイトさん）は、お茶会などで人数が足りない時に臨時でお手

伝いをします。1日雇いのバイトさんと一緒ですが、バイト代は出ません。全くのボランティアです。

◇代表はスターが任命します

「登録会」と呼ばれる会の場合は、「この人に代表をお願いしました」と、歌劇団関係者や他のスター会との面接がある場合がほとんどです。幹部は誰かに「幹部になって下さい」と言われるわけではなく、務めているうちに出世して幹部と呼ばれるようになっていきます。ファンクラブの中でも、重要な仕事を任されている人を幹部と呼んでいる認識ですが、今はあまり使わない名称です。二番手、三番手と呼ぶことの方が多いかも知れません。ただ、ここでは分かりやすいので、幹部と明記しますね。

スタッフになるには、幹部がスタッフにしたいと思う人に、直接声をかけます。アシスタントもお手伝いの場合も同じで、スタッフや幹部が直接本人に声をかけます。お手伝いの声のかかり方ですが、例えば「〇月〇日の〇時からは時間空いていますか。お茶会のお手伝いをして頂けませんか？」とメールなどで聞かれます。けして、全員に「募集！」とはしません。

◇お手伝いって何？

お仕事の内容は、例えばお茶会のお手伝いなら、お茶会で販売する「写真の袋詰め」や、当日の「グッズ販売」の補助など。トップ会なら、チケット出しの時の「スターの看板を持つ係」というような仕事もあります。

お手伝いの仕事、特にお茶会の事務作業中に、協調性があり一

緒に仕事をしたいと思われた人が、スタッフやアシスタントに選ばれます。ここらへんも、臨時バイトから契約になる流れと一緒ですね。

　スタッフは歌劇団に「スタッフ」の登録をしますが、アシスタントはしません。お金が関わるような大事な仕事はスタッフが担当します。とはいえ、社員が少ない会社だと契約社員も社員と同じ働きを求められるわけで、何処も同じなんです。

◇「私、スタッフになりたい！」と思ったら

　愛するスターさんの役に立ちたい。そう思う気持ち、とても理解出来ます。というか私もそうでした。奴隷根性、もしくはボランティア精神溢れる人なら、人の役に立ちたい、それが愛するスターさんのためなら、どんな火の中水の中 ･･･ と思ってしまいますよね。

　だから、スタッフさんになりたい気持ちもよく分かります。しかもスタッフさんて会の中でも顔じゃないですか。格好良い‼

　でも、スタッフというのは実は裏方さんなんです。何故なら、今までは一般人だったのが、会社の社員になるわけですから。イベントには、一般人（＝客）として行っていたのが、今度は運営する立場になる。だから、入り待ち出待ち（通称「入り出」「ガード」）ではスターさんに手紙を渡すことは出来ないし、お茶会も参加ではなく、誘導などの仕事をするようになります。

　お茶会での主役はもちろんスターさんですが、次に大切なのはその日来ている一般のお客さんなんです。それが分かっている人、実践出来る人でないと駄目です。控え目で仕事と割り切って行動

出来る人。その上で、スタッフや幹部、代表が一緒に行動したいと思える人が「選ばれる」のです。ちょっと残酷と言えば残酷ですね。残念ながら自分から立候補したりすると目立ちたがり屋と思われて、候補にも挙がりません。あとは代表や幹部たちが仕事を頼みやすい「若い子」が選ばれることが多いようです。会の仕事をこなせるような時間が自由になり（＝入り出に多く来られる）、外見的には清潔感のある人。ある意味接客業と同じで、しかも年齢が高めのお客さんが多いので、ゴスロリなどの奇抜な服装は敬遠されます。目立ちたがりと思わせないような清楚な外見の子が多いように思われます。「宝塚」が好きそうな派手な金髪と娘役系の服は本人の趣味と思われますが、謙虚そうな外見でないと選ばれにくい傾向があるようです。

　接客と同じ「仕事」なので、**スタッフには何よりも常識がある**ことが求められます。一般社会（＝普通の会社組織）に出しても恥をかかないような人が求められているわけです。

◇雇われ代表がいるなら、スタッフもお給料を貰えるの？

　お給料を貰っている代表は少ないようです。ほとんどは赤字の企業と同じで、代表やスタッフの持ち出しの方が多いんですね。何にお金を使っているかというと。「売れなかったチケット代の立て替え」や「スターさんが舞台に使う化粧品代」など。チケットは、ノルマとして歌劇団から降ろされて来ます。それを売る力があればいいのですが、毎日かなりの枚数が下りて来て、しかも人気のない公演だったら被るしかありません。会にお金があれば、そこから出せば済むことですが、それが膨らんで、お金がない会

の場合、代表だけではなく、たまにスタッフも被る可能性があります。小さな会であるほど、その可能性は高いわけです。

それから一般会員と同じ費用も、もちろんかかります。スタッフだからといって年会費などが無料になるわけではありません。一般会員と同じく「年会費」「会服代」「お茶会参加費」「チケット代」「グッズ代」など、全て自分で出しています。

恋文かなえ自身は「好きだとはいえ、仕事でやっている人たちなんだから年会費と会服、お茶会参加費用くらいは出してあげて欲しい」と思っているのですが、そこらへんは支出削減しているためか、ケジメなのか、全部しっかりと払っているそうです。これは各会代表さんスタッフさんから聞きましたから、間違いはありません。

◇「登録会」って何？

歌劇団に「会登録」した会のことです。歌劇団にわざわざ会を登録したということは「会を立てましたよ」「劇場前で入り待ち出待ちさせて下さい」と届け出るようなものだと思います。劇場前で入り待ち出待ちをするからには、人気のあるスターの会だという自負がないと出来ません。

会登録していなければ、チケットは歌劇団にお願いした枚数だけ捌けば構わないわけです。それどころか、下手したら調整されて、頼んだ枚数以下しか貰えないことがあります。

でも、劇団に「人気がある会なんです」と登録したからには、歌劇団がトップ会にノルマとして課したチケットを回されることもあります。つまり、頼んだ人がいないにも関わらず、ノルマ

としてチケットを押し付けられる可能性が高いということです。トップ路線に乗りたい若手スターさんや、大きな役に付きたいと思うスターさん、そして役付きクラスのスターさんは、会登録して「うちは人気スターです」と公表したいものです。だから「会登録」をするのだと思って下さい。それに、利用にあたっては、会登録が前提となる施設があります。宝塚ホテルなどが例として挙げられます。

　逆に、会を作っても歌劇団に登録しない会もあります。メリットは「ガードをしなくてもいい」ということ。入り出の人数が少ない娘役さんは面倒が増えるだけなので、登録しない場合が多いように思います。

◇代表の仕事って結局なんなの？

　会は「会社と同じ」と前に書きました。一流会社のような大きな会社から、暇とお金のあるマダムが片手間でやっている趣味の会社など、世の中にはいろんな会社があります。会もそれと一緒です。一概に「これが代表の仕事です」と言える仕事はありません。スターさんの身の回りの世話をすることだったり、チケットを売ることだったり。雑用全てと言えますし、逆にスターさんのお世話はしないで、チケットや金銭などの管理運営が全てと言える会もあると思います。ただ、たった一つだけ共通して言えることがあります。それは、会の代表は生徒さんから「この人なら」という信頼を得ていて、生徒さんのニーズに合っているということなんです。

第1章　秘密のベール、宝塚のスターのファンクラブって何？

　残念ながら、生徒さん全員が「とにかく役に付きたい」「どんなことをしても主な役に付きたい」と思っているわけではありません。中には「舞台の端でいい」「ここに立てるだけでいい」という生徒さんもいます。そういう人は「チケットはある程度、最低限のノルマさえ捌けてくれればいい」と考えるわけです。チケットを血眼になって売る必要がありません。少ないファンと楽しくやっていければ満足でしょうし、代表が気の合う人だったらそれで充分なので、他に何も望まないわけです。

　逆に「絶対に私はトップになりたい」「何をしてもトップになるんだ」という人には、チケットを鬼のように捌き、人数を集め、グッズを売る人が必要です。

　前者なら、お気に入りだったり、文句は言わなかったり、話が合うような楽な人を代表に据えて、「楽しく過ごしたい」「面倒なことはしないで、舞台に立つことに集中したい」と思っていても不思議ではありません。後者なら、どんなに文句を言われてもコネと伝手を利用してチケットを捌いてくれて、会の運営も上手な人を選ぶはずです。

　つまり、生徒さんが求めている立場や果たして欲しい役割に合った人が代表になるわけで、任される働きもそれぞれに異なるわけです。

　あなたが「この代表、使えないわ。キーーー！！！！！！！！！代表失格よ！！！」と思うのは自由ですが、当のスターさんがこの代表さんでいいと思っていれば、その代表さんしかいないわけです。

23

何しろ正妻、北政所にあたるパートナーでもあるわけですから。諦めるしかありません。結局、代表の仕事とは、スターさんと代表によってそれぞれ違うとしか言えないのが辛いところです。

代表さんの普段の職業は？

　代表さんは普段どんな職業に就いているのか。生徒が400人近くいる歌劇団で、一人に付きファンクラブが一つあるとしたら、代表さんも400人近くいる計算になります。

　大きな会も小さな会もあって、会＝会社と考えれば、大きな会は一流の大きな会社と同じですから、トップスタークラスの大きな会では、一般ファンは代表さんとは口も聞けない遠い存在となります。

　代表さんの素顔や職業の前に、「会のお仕事」とはいったい何でしょうか。

◇大きな会（トップスターや人気スターの会）の仕事
・スターさんの身の回りの世話（舞台に使い化粧品など、スターさんから「買って来て」と言われたりします）
・チケットの営業と斡旋
・それに伴う配席（席の場所を決める）
・お茶会、グッズ、会服などの企画
・一般ファン向けの会誌やチケット、グッズ販売等のお知らせの制作発送

第1章　秘密のベール、宝塚のスターのファンクラブって何？

・入り待ちや出待ちの一般ファンの管理とスターが乗る車の運転
・お礼状の手配
・歌劇団との打ち合わせ
・お客様と呼ばれる、大口の支援者との打ち合わせ

などがメインの仕事です。

◇小さな会の仕事

　小さな会では、ムラや東京近辺に越してきてまでやらなければならないことはそれほど多くないため、代表さんが遠方に住んでいる場合もあります。その場合、スターさん自身で身の回りのことをするような状況も多々あります。すると、代表の主な仕事は以下の3つ程度になります。

・チケット斡旋、その営業
・お茶会の企画
・お礼状の手配

　売り上げが大きな会社と小さな会社を比較すると、仕事量が全然違いますね。大きな会はたくさんの仕事があるのですから、当然、仕事は分業制となります。小さな会社は、取り扱う商品やお客様が少ないので、仕事量も少な目です。
　だから小さな会は代表一人だけで、しかも一般の仕事や主婦をやりながらこなすことも大変ではありますが、一応は可能です。小さな会は、従業員0の個人事業主と思って頂けたらいいと思

います。それじゃ一人でやる仕事量も多くて、宝塚と東京を行ったり来たりして大変じゃないの？と思いますよね。そうなんです、実に大変です。基本的には本拠地宝塚周辺に住んで、東京での公演中は東京にウィークリーマンションを借りているという人もたくさんいますが、仕事は多いし引っ越しも大変なので、静岡あたりを分岐点にして、「西の会」「東の会」と管轄を 2 つに分けている会もあります。JR 西日本、JR 東日本みたいな感じです。大体のトップさんは 2 つに分けていることが多いようです。2 つは連携していますが、別会社になります。

　ムラ（＝本拠地「宝塚」）の代表さんは、スターさん本人がいる場所、つまり公演以外でも次の公演のお稽古だったり、雑誌やポストカードなどの撮影だったり、歌劇団の仕事＝大阪での仕事がメインなので、スターさん本人のマネージメントをしているムラの代表さんは、本当に大変です。スターさんがムラにいる時はずっと傍にいてお仕事をしないといけません。しかも、いつ終わるか分からないお稽古や、お客様筋との接待が終わるのを近くでずっと待っていないといけないのです。

　これでは一般の仕事（9 時から 17 時頃まで就業）どころか、シフト制の勤務さえ出来そうにありません。時間が拘束される種類の仕事をするのはほぼ不可能です。では、いったいどんな人が代表をやっているのでしょうか。

・働かなくても暮らしていける資金がある「お金持ちのお嬢様」
・スターさんや大口の支援者が給料を払っている「雇われ代表」
・SOHO などの「時間に関係ない職種の人」

第1章　秘密のベール、宝塚のスターのファンクラブって何？

　大概はこのうちのどれかにあたります。東京の代表さんの中には、普段は派遣社員として働いていて、公演中だけ仕事を休む人もいます。スタッフさんもまた事情は同じですが、代表さんほどずっと付いていなくても大丈夫なので、一般会員さんと同じように就職していたり、フリーターや派遣で働いている人がほとんどです。ちなみに研1クラスの生徒さんの場合、生徒さんがファンのメールアドレスを知っている場合もあり、メールや電話でその人に面会を求めて代表に任命しています。

27

第**2**章

どうしたら「会」に入れるの？

宝塚のファンクラブにはスター個人のファンクラブはないと、前の項目でも書きました。では、どうしたらスターさん個人の会、私設ファンクラブに入れるのでしょうか。方法は3つあります。

手紙で申込書を貰おう

　スターさんに直接ファンレターを書き、自分のリターンアドレスを記入したメモ、または宛名シール、そして切手を同封して送ります。封筒の表と手紙には「ファンクラブに入りたいです」と明記しましょう。

チケット出しで申込書を貰おう

　舞台の開演30分前から、会登録している会はチケット出しを行っています。宝塚大劇場の場合、正面玄関から入ってレストランを通り抜けた郵便局の前あたりから、スターさんの名前の入った箱や看板を持っているファンクラブの人たちが立っています。小さな箱の中にはチケットが入っていて、会員さんやお客様と呼ばれる人たちに手渡ししているのです。このチケットを扱うのが、代表と呼ばれる人です（たまに代表さんに用事があり、代打で幹部が出している時もあります）。

　チケットケースを持っている人以外に、手前にクリアケースにスターの名前を入れた看板を持っている人がいる場合もありま

す。こちらはスタッフさんかアシスタントさん、お手伝いさんです。看板を持っている人がいたら、まずこの人たちに声をかけて下さい。お茶会の申込用紙も同じ要領で聞きます。場合によっては、その場で申し込みが出来る会もあるようですが、一般的には、申込書を渡されて、入会費と年会費を銀行に振り込み、その用紙のコピーとともに郵送かチケット出しまで持って行く手順の方が多いはずです。このやり方が一番早く入会出来る方法です。

SNSで紹介してもらおう

最後に、ブログなどのSNSで「○○さんのファンクラブに入っている」という人に紹介してもらうという方法があります。

メリットとしては、手紙よりは申込用紙が早く手に入る可能性があるということ。貢献会員の紹介の場合、紹介のない会員より貢献順位が高くなる場合が多いですが、ある程度の時期になると、他の一般会員と同じ扱い（本来の基準）に戻ります。

会からマイナスの貢献、ブラックリスト入りされている会員に紹介してもらった場合は、朱に交わった赤の扱いで始まる可能性が高いです。

大体は、SNSを介したこの手順でファンクラブに入る人が多いようです。

入会申込書が送られてこない!?

　手紙などで入会希望と伝えたが、申込用紙が送られてくるまで時間がかかることがあります。会＝会社組織と書きましたが、基本的にはボランティアと一緒で、代表さんは手弁当、つまり無給か持ち出しをしている場合が多いです。また、普段は本業で忙しいということも考えられます。

　ボランティアの人に「仕事なのだから」と言えるでしょうか（入会していないので金銭を扱っていない状態ですから、お決まりの「お金を扱っているんだから」というような文句も言えません）。なので、最低でも1か月、その公演が終わるまで待ってあげて下さい。もし何も音沙汰がなかったら、次のどれかにあてはまっているのかも知れません。

・郵便事故
・生徒が代表に住所を渡すのを忘れた
・代表が忙しい
・バウや全ツなどの出演がないため、地元に戻るか旅行に出ていて、歌劇団へ行っていない

　なども考えられます。
　再度、手紙に「入りたい」旨を書きましょう。ただ、あまりにも下級生すぎると会がない場合もあるので、まずネットやSNSで確認してみてください。会員証についても同じです。

第**3**章

無駄な努力をしないで、会の中で出世する方法

「会に序列や順位なんてあるの？」と宝塚の私設ファンクラブをご存知ない方は言うと思います。順位、しっかりとあります！貢献と呼ばれるのが、その順番です。貢献とは、千秋楽や新人公演と呼ばれるプラチナチケットの取次が出来るかどうか、席の場所を決めるのに使われます。この順番、どうやって決めるかご存知ですか。

　貢献と呼ばれる「ポイント」を集めて、決めるのです。

こう‐けん【貢献】［名］（スル）
・ある物事や社会のために役立つように尽力すること。「学界の発展に─する」「─度」
・貢ぎ物を奉ること。また、その品物。
・類語：寄与（きよ）、献身（けんしん）、尽力（じんりょく）
（goo 辞典より）

　つまり、その人や物事の役に立つことをした人が、貢献度が高いと言われます。この貢献を積めば積むほど取次が多くなり、席は良席と呼ばれる場所になるわけです。でも何が怖いって、この貢献と呼ばれるものは時代や会によって基準が違うのです。

第 3 章　無駄な努力をしないで、会の中で出世する方法

貢献を上げる

　何をしたら貢献を上げられるのか。私は入会当時、貢献という
のは、入り出にたくさん来ることだと思っていました。だから、
入り出も毎日頑張って通っていました。でも、それは全く違って
いたんです。

　当時、宝塚は東京大劇場が新しく建ったばかりのお披露目ムー
ドで、チケットは軒並み完売。私の好きなスターさんはドリーム
チームと呼ばれ、チケットはプラチナチケットと言われる時代で
した。だから、チケットは足りないくらいで、逆に良席が欲しい
時代だったんです。あの時代は、チケットを頼むのも当たり前。
代表さんによっては「私がチケットを取り次いであ・げ・て・
る」と言い放つような時代（当時、某スターさんの会のスタッフ
さんから聞きました）でした。

　いいですか、チケットを取り次いで "**あげてる**" ですよ。

　超上から目線。それを越して「生死すら決めるのは私」くらい
なものを感じます。なので、チケットを頼むのは当たり前だった
のです。じゃあ、どうやって順列を決めていたのでしょうか。

　足りないものを上納するのが貢献です。当時は、チケットぴあ
の店頭窓口がある時代でした。だから、チケットぴあの前に徹夜
して、チケットを取って会に上納していたのです。それと、当た
らない抽選に申し込んで、当たったらそれも上納（上納と言っ
ても、チケット代金は返金されます）。当時はそれが一番の貢献
だったのです。

35

私と同時期に入った人は、友会の抽選で毎回 SS が当たり、チケットぴあでも腕利きお姉さんが窓口にいたために、SS 席を上納していてどんどん貢献を上げていきました。観劇は週に 1 度だけなのに、なんと貢献は上から 5 番目だったのです。

　並行してグッズの購入金額も大事でした。同じ金額を使うなら、お花代と呼ばれるサポート代やチケット代よりも、このグッズ代が一番貢献が高かったのです。私と同時期に入った人は、どうしたら貢献が上がるのか、よく知っている会員さんでした。平日の入りのみ毎日のように来て、週 2、3 回の観劇。つまりチケットは全然頼まないのに、何故か貢献は毎回 1 位。その秘密は**グッズの購入**にあったようです。お茶会の時のグッズの購入が半端ない金額で、毎回段ボールで届いていたそうです。舞台は見ないくせに、お金を張るべきところにしっかりと張っていたんですね。同じ金額使うなら、間違ったところに使っても意味がありません。彼女はグッズに使っていたのですが、コネもたくさん持っていたので、友人に頼みまくり、友会協力もガンガン当てていたのだと思われます。友人分のグッズも自分名義で購入していたのでは。

　基本的には、**宝塚は「金」と「コネ」**です。あの当時は、とにかく自分の持てるあらゆるネットワークを使って入手した「チケットの上納」と「グッズを買うこと」が何よりの貢献だったのです。

　ただし、会による違いがありますので、入会の規則に「貢献の決め方」という項目がある場合は、その欄をよく見て下さい。何が貢献になるのか書いてあるはずです。多分ほとんどの会は、チケットの購入枚数だと思いますが、チケットが足りない会の場合、

グッズ購入やチケット上納での貢献の方がポイントが高いと思います。ほとんどの会は**「チケット購入 → グッズ購入 → お花代」**の順番だと思われます。

　お花代（＝サポート代）ですが、これは何故か総額で同じ金額を使っても貢献度が低いと見なされることが多いそうです。お金の使い道がないけど、どうしても使って欲しい、役に立てて欲しい場合には、お花代で入れた方がいいようですが、「チケット代を減らしてお花代を増やすべき？」と考えている人には、お花代はあまり貢献にはならないとお伝えしたいです。これは、トップ会のスタッフさんから聞いた話なので、間違いないと思われます。

入り出は貢献に入らない!?

　ところで、ここまでの説明を聞いていて「あれ、入り出が抜けている!?」と思ったあなた。そうなんです。入り出は貢献に入らないのです！！！！！　もう一度言います。**入り出は貢献ではありません！**

「入り出は、ファンが会いたいから "**勝手に来てる**" だけ」

　これは、某トップ会の代表さんが話していた言葉です。会いたいから勝手に来ているだけなのに、どうして貢献なんて付けてあげないといけないの！　そんな言葉が聞こえるかのようです。まるでマリーアントワネットのように聞こえるじゃ〜ありませんか。

37

あなたがどんなに頑張ってガードに参加しても、代表さんから見ると、こう思われているのです。入り出に頑張って無理して来ても、貢献にはなりません。ちなみにこれ、どうやらガードの人数が少なくても同じようです。

　じゃあ、なんで入り出があるのか。これは昔から何度も問題になってきた話ですし、実際、東京の劇場が新しく出来た時にも言われたことなんです。

「新しく劇場が出来たら入り出は禁止だって。スターさんは地下に出来る駐車場からそのまま車で出て行っちゃうんだって」

　でも、入り出は無くなりませんでした。それは「経費が掛からず無料で出来る効果的なファンサービス」だからだそうです。ここから先は見栄の問題だと思われます。どうせ入り出があるなら、人気があると思われていた方がいい。入り待ち出待ちの人数が多いスターさんほど人気が高いと思われますよね。なので、

「同期で出演なら、目に見えるガードの人数で勝負！」
「2番手会の方がトップ会より多いらしいよ」

　そんな話を聞いたり、ネットで見たりしますでしょ。噂によると、ガードの人数で役付きも考慮するとまで聞きました。どうせやるなら人数が多い方がいいのに、でも、それは貢献ではない。難しい問題ですね。

　じゃあ、どうするかというと、ポイント制で何か貰えるように

第3章　無駄な努力をしないで、会の中で出世する方法

したり、大切な日には記念品を配ったりするわけです。もともと
は、入り出のポイント制というのは「どうせ来るのだったら、何
か記念に残るものが欲しい」という提案から生まれた誤魔化しで
しかないそうです。「私の持っている入り出とチケットのポイン
トカードは一緒なんですけど？」という人もいると思いますが、
それは表向きです。実際の貢献は代表か幹部がちゃんと付けてい
るはずです。

　もう一度言います。**入り出は貢献に入りません。**ファンが**会い
たいから勝手に来ている**だけです。ただしスターという立場上、
人数が少ないとみっともない。だから「来てね、来たからご褒美
あげる」それがポイントなんです。間違っても、入り出は貢献で
はありませんので、お間違えないように‥‥！

お花代の相場はいくら？

　お花代。普通の生活を送っていたら、聞いたことがない言葉だ
と思います。もちろんお手紙ちゃんも聞いたことがありませんで
した。舞妓さんの世界では、料金のことをお花代と言うそうです
が、宝塚では全く違います！

　このお花代って、なんでしょうか。今は「サポート代」という
名目で徴収している会が多いようですが昔はお花代と言いました。
「お金をお花と言うなんて、宝塚らしく綺麗でいいですね」と言
いたいところですが、本当に本物のお花を入れていたのです！
2009年に廃止になりましたが、それより前は、初日、中日、新

39

人公演、千秋楽と、お花を入れるのが恒例となっていました。お花といっても「花束」ではありません。最低限「籠の花」。中でもやはり、蘭の鉢はステータスが高かったです。通称「蘭鉢」でなくても、お花の数が多ければ多いほど、スターの証でした。数を争うように、こぞってお花を入れたと聞いています。

　お手紙ちゃんも、知り合いの代表さんのお付き合いで、新人公演に花籠を入れてました。当時で 3 千円。もちろん大したお花ではありませんが、カサブランカさんというお花屋さんが、値段の割にとても素敵な花を作ってくれたものでした。

　では、貰ったその花は、どうするのでしょう。

　スターさんがお世話になった鬘（かつら）屋さん、声楽の先生、演出の先生方にお礼に持って行くと聞きました。あとは、やはりお世話になった人や、新公ガードを手伝ってくれた他会スタッフさん、周囲のお店などに配って回っていたそうです。IZUMI さん（喫茶店）には素晴らしい花籠がいくも置いてあって、そこには有名スターさんの千社札や名前入りの札が付いていました。何も知らない一般人ファンだったお手紙ちゃんは、その千社札付きの籠花に憧れたものです。いつか、こんな花籠を贈れるような特別なファンになりたいと。でも今考えたら、先生に差し上げた蘭鉢に比べて、そこまで特別というものでもなかったようでした。

　そして最後に残ったお花はスタッフさんが持ち帰ります。お気に入りの花だけは、スター本人やその家族が持ち帰ることもありました（多分、ご近所にも配っていたと思われます）。

　さて、初日、中日、新人公演、千秋楽に送られて来た花籠や蘭鉢。これは当日、楽屋前の廊下に並べてバーっと置いてあるわけ

第3章　無駄な努力をしないで、会の中で出世する方法

です。で、その日のうちに撤収しないといけないのです。これが大変、リレー方式、楽屋口までは中付きのスターさんやスターさん本人が運び、楽屋口から車まではスタッフが運んでいました。

　お手紙ちゃんも花籠リレーに参加したことがあります。とにかく重たい籠、鉢を持ってダッシュ！するんです。本当に走って、あの駐車場（多分学年順に車が並んでいる）まで運びます。重たいわ、花を散らさないようにしないといけないわ、「大変」の一言でした。でも、重たいからといって歩いては駄目！　あれは苦行としか言いようがありません。公演ごとに3〜4回繰り返さないといけないムラのスタッフさんは、本当に大変だったと思います。そんなわけで、2009年に廃止された時、一番喜んだのは、ほかでもない花籠や鉢を運んでいたスタッフさんだったと記憶しています。もちろん、その花を入れないといけないファンも喜んだことでしょう。

　今と比べて、当時の蘭鉢はとても高価でした。1茎1万円と言われた時代です。でも、高価だからこそ、入れる値打ちがあったわけですね。この蘭鉢が多ければ多いほど、スターの証だと言われたものです。

「まあ、◎◎ちゃんは、蘭鉢があんなに！」
「さすが人気があるわ」
「あら、蘭鉢が少ないわね」
「貧乏人が多いんじゃないの〜」

　なんて、ギャラリーから会話が聞こえてきたものです。その言

41

葉に一喜一憂したりして。その蘭鉢を必要数入れるために、ファンクラブ内で徴収していたのが「お花代」です。でも、実は本物のお花よりもサポート費用に使う方が実際は多かったりします。そして今も、その慣習（＝お花代という言葉）は残っていますが、実質はサポート費用になったわけです。長かったけど、お花代の説明終わり！　本題に入ります。お花代の相場でしたね。

　相場なんて言っておきながら、相場なんてあってもないようなものです。お手紙ちゃんはスタッフさんに直に聞きました。

「お花代って、どのくらい入れたらいいんですか？」
「お気持ちだけで。本当に１口も入れない人もいますから」
「本当に入れない人なんているの!?　嘘でしょ？」と聞き返したら、
「本当にいます。だから、気持ちだけで大丈夫ですよ」ですって。

　でも、実際はチケットを入れる封筒を作るのにも費用がかかるので、最低でも１口分は入れてあげて欲しいところです。大概の人は、チケット１枚に１口＝５百円～千円程度入れているそうで、お手紙ちゃんも１枚につき千円で計算していました。当時のチケット代は１枚８千円。32枚頼んだとして［８千円×32］＋［お花代千円×32］＝28万8千円。キリよく入れるのが粋と言われていたので、更に１万2千円を足して30万円振り込むのが通でした。
　もし、お手紙ちゃんが今、チケット10枚頼むなら・・・

42

第3章　無駄な努力をしないで、会の中で出世する方法

```
（チケット10枚分の計算例）
 チケット代　8,800 × 10 = 88,000
 お花代　　　1,000 × 10 = 10,000
 ＋α　　　　　　　　　　　2,000
　　　　　　　　　キリを良くするためにプラス
　　　　　　　　　　　　100,000 円
```

という計算で、10万円を振り込みます。チケット1枚につき1口が「相場」ですが、お金がないから、そんなに振り込めない‼という場合には

```
 チケット代　8,800 × 10 = 88,000
 お花代　　　1,000 ×  1 =  1,000
　　　　　　　　　　　　89,000 円
```

8万9千円でいいのです。お花代で無理するより、チケットを1枚でも多く頼む方が喜ばれます。**身の丈にあった応援をする。**これが一番大切なことです。

当日払いのチケットにお花代は必要？

　追加（会メールの「追加受付」での申し込み、または当日の入りでチケットがありますと言われて、その場で申し込んだ場合）は、お花代を付ける必要はありません。

何故なら、そのチケットはキャンセルや当日降りて来たチケットであって、本来なら会が頑張って捌かないといけないチケットだからだそうです。貢献1番のお客様扱いされていた会員さんはそう言って、入れていませんでした。でもやっぱり、日頃お世話になっているスタッフさんや代表さんにお礼がしたい！と、追加でもお花代を入れたくなるのが人情って〜ものだと思います。その場合はキリよく渡しましょう。8千8百円なら1万円でお釣り無し。9千円でも構いません。でも、1万円で「お花代で」と言うのに憧れてしまいませんか。お手紙ちゃんには憧れでした。もし9千円なら、封筒に入れて「チケット代8千8百円＋お花代5百円＝9千円、名前（会員番号）」と表に書いて渡しましょう。A席なら6千円。B席の場合は5千円。不思議なことに、席が悪いB席の方にお花代を多めに付けるのです。ちょっと不思議ですね。でもそれが粋で通ってものなんです。

　ちなみに、お手紙ちゃんはバウの初日のチケットを探していて、代表さんに3日前に連絡したら、「ありますよ♪お待ちしてます」と返事を頂きました。こんなにチケットがない状況で、しかも初日が手に入った！と喜び、普通にチケット代7千5百円とお花代で2千5百円で計算して用意しました。当日1万円札を取り出し、「お釣りはお花代で」と言ったら、周りの代表さんがびっくりしてこちらを見ました。？？？と思っていたら、なんとチケット代は5千円だったのです！　お手紙ちゃんは、間違えてチケット代と同じ値段のお花代を入れていたのでした。自分でも後で気付いて一瞬「高かったな」と思いましたが、でもオークションにも金券ショップにも出てない、しかも初日、特別な日で

44

第3章　無駄な努力をしないで、会の中で出世する方法

す。あの金額で当たり前だと思い直しました。

　少しでも上に見られたい、貢献度を上げたい場合は、1枚で3万円入れると良いでしょう。ただ、上には上がいくらでもいます。中にはチケットは頼まないけど、お花代だけ5万円入れる人もいます。チケットとお花代で迷ったら、チケットにして何度でも見ましょう。そしてお友達を誘いましょう。そちらの方が喜ばれるようです。なお、封筒でなくて、懐紙（かいし）で渡しても大丈夫です。懐紙を半分に折ったものでお金を挟んで渡します。茶の湯などのお稽古事では、急にお金を渡さないといけない場合に使っています。封筒と違い、すぐにお金を確認出来るので、こちらの方がいいかも知れませんね。懐紙には何も書かず、そのまま折っただけの状態でお金を挟んで渡しましょう。柄入りの可愛らしい懐紙も売っています。懐紙を使うのって格好良いですよ！

カレンダーは何冊買えばいいの？

　カレンダー。宝塚を代表する看板スターだけが掲載される垂涎のもの。これを購入することも、もちろん貢献に入ります。が、これは全員定数買うのが当たり前なので、貢献が上がるものではありません。定数買ってやっとスタートに立てるようなものです。

　定数とは「サインが貰える枚数」のこと。もし「申し込み書に50部でサイン」と記されていて、サインが欲しい場合は、カレンダーを50部買う必要があります。歌劇団発行のPB（写真集）も一緒です。逆に買わないと貢献が下がってしまいます。

45

◇入ったばかりの新人会員が私より前の席にいた！

　実はこれ、結構多いんです。私も会に入ったばかりのお茶会で、参加人数400人だったのに対しサブセンターの2列目という素晴らしい席を頂戴しました。大好きなスターさんがオペラ無しでよく見えて、天にも昇る気持ちでした。

　でも、これ、エサなんです。頑張ればいい思い出来ますよ～、と思わせるための方法です。目の前にぶら下げられた人参というわけ。はじめにいい思いをさせて、頑張らせようというのが会の狙いです。頑張らないと次でぐっと席は下がります。毎回、その繰り返しです。

　新しい人が前にいるのは、エサなんです。本当の貢献ではありません。私はこれを「新人ラッキー」と名付けてみました。他には「衝撃クッション材代わり」として良い席が割り当てられることもあります。例えば、会にSS席3つが下りて来たとします。その日はお客様が2人だけ来ます。あと1つの席はどうするのかというと、同じくらいの貢献度の会員グループのうちの1人を座らせる・・・ことが出来ないので、顔が全く知られていない人を座らせて、衝撃クッション材代わりにすることがあるそうです。もしくは、グループに所属してない「ぼっちさん」を突っ込みます。グループの1人を突っ込むと、やはり問題になりやすいからだそうです。

　ところで、この衝撃クッション材になりやすいタイプの特徴ですが、「目立たない」「グループに所属してない」ことが条件なのだとか。そのため「絶対に目立つ人と付き合わないようにしている」と言っている人がいました。その人は仲良しグループも作ら

ず、いつも1人でひっそりと見ていました。

せっかく上げた貢献も水の泡！
もしかしてＮＧな行為ってあるの？

　NG行為、あります。一番のNG行為は、生徒さんに迷惑をかけることです。私が聞いたことある話では、新公の隠し撮りを、知り合いでもない上級生に勝手に送った人がいるそうです。上級生が映像を見たら、メインは下級生。上級生は激怒し、その生徒さんを呼び出して大目玉を食らわせたとか。誰も頼んでないのに、下級生メインの映像を送るなんて非常に失礼ですよね。上級生に迷惑をかけて、生徒さんが叱られる。こんなことをしたら、たとえどれだけお金を積んでいたとしても、貢献は確実に下げられること請け合いです。生徒さんの名前を傷付けるような行為ももちろんNG。最近はSNSが流行っていますので、SNSが理由で貢献を下げられている人もいると思います。

第4章

入り待ち・出待ち・お茶会・総見
デビューしてみよう！

劇場における入り待ち出待ちについて

　入り出待ち（入り待ち、出待ち）には、お稽古の時と公演の時の２パターンがありますが、公演中の入り（出）待ちでは、「会服を着用しないと参加出来ない」「公演中は生徒さんを待ちながら、立ったりしゃがんだりする」という決まりがあります。

　また、公演中の入り（出）待ちは通称「ガード」と呼ばれます。もともとは言葉通り、一般ギャラリー（会に入っていない人という意味）からスターさんを守るためにありました。昭和のベルばら時代の話だと聞いていますが、当時の熱狂的なファンが楽屋から出てくるスターさんに殺到して、髪の毛を貰うと称して頭から毛を引っこ抜く人や、コートの毛皮を毟り取る人がいたそうです。カメラが当たったりして、怪我をしたスターさんもいたと聞いています。そういう人たちから守るために作られたのが「ガード」です。当時は、一般客の方を向いて隣の人と手を繋ぎ、人の壁を作って身を挺して守ったと聞いていますが、今はそんな過激な行動に出る人はいなくなったので、入り出の瞬間はスターさんに手紙を手渡しするなどファンとの交流の時間になっています（ただしトップ会などの人気スターの場合、手渡しがない場合も残念ながらあります）。

　スターさんを見るために先に並んでいた一般ギャラリーより前の場所に入るわけですから、ギャラリーとの諍いを起こさないため、スターさんが来たらガードに入っている人はしゃがんで、スターさんが見えるようにするわけです。**ファンが石垣になるよう**

第4章 入り待ち・出待ち・お茶会・総見 デビューしてみよう！

に、隣の人との隙間はしっかりと埋めましょう。交流時間が終わり、スターさんが定位置に行き手を振り終えたら、今度は立ち上がります。違うスターさんが来たら、またしゃがみます。それを繰り返すのです。後ろにギャラリーと呼ばれる人たちがいなくても、座らないといけません。何も知らない人が見たら、最初は奇妙だと思うようですが、仕組みを理解すれば、合理的だと納得されます。お稽古の時の入り（出）待ちでは、立ったりしゃがんだりはしません。待つ場所が違うので、その必要がないからです。詳しくは、「東京宝塚劇場の場合」（P59〜）をご参照下さい。

◇**入り待ち、出待ち、ガード中にしてはいけないこと**

　入り待ちやガード中は、スターさんを待つための時間なので、以下の行為は厳禁です。

・写真や動画の撮影

・飲食（飴や水分補給はOK）

・本を読んだり単語帳をめくったりなどの勉強

・電話やインターネット

・大声でのおしゃべり

・ギャラリーとのおしゃべり

　ガード中は、手元に気を取られたり、おしゃべりに夢中になっていると充分なガードが出来なくなります。携帯での通話は、ガードに入るまでなら大丈夫です。メールやSNSについては、1人目のスターさんが出て来てからはやってはいけないと聞

いています。短い時間なら黙認されますが、長い間手元を注視するのはやはり良くありません。あくまでスターさんを「ガード」するのが本来の目的なので、大声で話すなどの迷惑行為はスターさんの名前を傷付ける行為に繋がります。隣の人と小声で話すのは大丈夫ですが、周囲に丸聞こえになるような声でのおしゃべりはやめましょう。

◇**会服って何？**

公演中の入り待ち出待ち（通称ガード）の時には、「会服」と呼ばれるファンクラブグッズを購入して、それを身に着けていないと参加出来ません。この会服が**参加証**となるのです。

会服の値段は４千〜１万円程度。会によって値段が異なります。普通のカーディガンだったり、ストールだったり手袋だったり、デザインは公演ごとに代わりますので、その都度買い直しが必要になります。入り出の参加証であるとともに、公演記念グッズも兼ねているわけです。

会が西と東に分かれている場合には、宝塚大劇場用と東京宝塚劇場用と異なることがほとんどですが、特別公演の際は、会期が短いので東西同じ会服ということが多いようです。

第4章　入り待ち・出待ち・お茶会・総見 デビューしてみよう！

宝塚大劇場の場合

◇公演中の入り待ち

　宝塚大劇場の楽屋口は、劇場の入り口に対して、向かって左側に真っ直ぐ行ったところにあります。生徒さんはここを通って楽屋やお稽古場に向かいます。ファンクラブに入っていない人たちや、写真を撮る人たちはここに待機しています。会に入った場合は、集合場所（通称スタンバイ）でまず集まります。

　トップ会の場合は、楽屋口にそのまま集合の可能性が高いです。でも3番手以下の場合は、劇場前のお店、住宅販売所やレストランの前が集合場所というのが多いです。組によって異なるので確約は出来ませんが、その集合場所でファンの方たちとスターさんを待ちます。

　スターさんが登場し、ファンの1人1人から手紙を受け取り、その後カルガモよろしくスターさんと楽屋口の前まで一緒に歩き、楽屋口に着くや、ダッシュして楽屋口の前にある銀柵の前に1〜3列に並んでしゃがみます。全員が座るのを待ち、スターさんが手を振って楽屋口の玄関を通り、IDを警備員さんに見せ、向かって右側の楽屋に入って行くのを見届けます。大体ここでもう一度手を振ってくれるスターさんが多いです。その後、花の道のハウジング入り口か駐車場の出口付近に移動。スタッフさんか代表さん（幹部さん）を待ちます。代表さんが帰って来て、出待ちの時間を教えてくれたら解散です。たまにチケットが余っている時などは、ここで見たい人を募集する会もあります。

53

2015年10月時点の「宝塚大劇場」周辺マップ

レストラン「イゾラベッラ オペレッタ」

ハウジング入口

下級生

上級生

建設会社

喫茶店ちどり方面 ⇨

駐車場

三角州

たばこ

スカイステージ

ファン広場

楽屋口

キャトルレーヴへの階段

時計台

ウッドデッキ
(キャラリーや
カメラ撮影はココか
楽屋口前で)

螺旋階段

螺旋階段

Quatre Rêves

ハウジング前
(チャイルドルーム)

上級生会 ➡ 下級生会

オスカル像

レビュー像

花の道

小林一三像

歌劇団施設

パウホール楽屋口階段 ↓

EV

ハウジング入口

大劇場正門

大劇場玄関

駐車場出入口

JR宝塚駅方面 ⇦

ここからは、お手紙ちゃんの経験談です。

朝、青い空の下、レストランの裏にある駐車場に車が入って来るのが分かると、それまでの和やかな空気が一変して、皆がドキドキし始めるのが分かります。スターさんが車から降り、こちらに向かって颯爽と歩く姿は舞台姿のように凛々しくて、とても素敵でした。

スターさんと楽屋口まで一緒に歩く時は、隣を歩く人にはスターさんと直接話をするチャンスが与えられています。舞台に関しての質問や、今日のファッションについて、休日何をして過ごすのかなど、解散する時に他の会員さんにも教えてあげられるようなことを質問する人が多いです。**2人きりで大好きなスターさんとお話出来る。**こんな機会は、ファンクラブに入らない限りないと思います。お茶会でも「役」に付いての話などを聞けますが、その前にスターさんのこだわりや見て欲しいポイントなどをいち早く教えてもらえることが出来ます。慣れている人だと、仲良しのスターさんから「楽屋でこんなことがあった」というような話を聞かせてもらえる人もいるみたいです。

◇**公演中の出待ち**

トップ会と2番手会は、楽屋口前のファン広場にスタンバイします。そのままの場所でお手紙を渡して、スターさんが全員に手を振り、脇に止まった車に乗って帰る際に手を振って見送ります。3番手以下の会の場合は、入りの集合場所と同じところに集合し、時間になったら花の道の楽屋近くに移動することが多いです。大概は、楽屋口から向かって左にある喫茶店「千鳥」さん方

55

向に、2列か3列に並んで待つことになります。

　なお、楽屋口前のファン広場で入り出待ちをする場合、ギャラリーと呼ばれる会に入っていない一般人のために、スターさんが来たら、しゃがんだり立ったりします。この判断をするのは基本的にはスタッフさんです。「立ちます」「しゃがみます」などと、号令がかかる組もあります。詳しくは「東京宝塚劇場の場合」（P59〜）をご参照下さい。

　待っている間、他の会のスターさんが目の前を通るので、その瞬間もドキドキしますよ。自分の会のスターさんがいらっしゃったら、先ほどの集合場所へ移動し、お手紙を渡します。入りと同じように、隣を歩く人はスターさんとお話することが出来ます。

　お手紙を渡す前や渡した後に、皆とお話タイムを設けてくれるスターさんもいます。お話タイムが終わると、皆に手を振って車に乗って帰られます。スターさんが手を振り終えて駐車場を歩いている間に、私たちは駐車場の入り口、ハウジング前に移動します。車に乗ったスターさんをお見送りするためです。ゲートに向かうその一瞬、会員が並んでいる前で、代表さんが車のスピードを落としてくれます。大きく開けた車のウィンドウから、スターさんが手を出して私たちに手を振ってくれるのです。それを見届けてから、スタッフさんに明日の入りの時間などを確認して解散となります。

　注意点が1つあります。集合する時にファン広場前の花の道の高い部分の歩道を「トップの会以外の会員は歩いてはいけない」という決まりがあります。理由は下級生会の会員は上級生会員がガードしている前を通ってはいけない。上級生会を見下ろし

第４章　入り待ち・出待ち・お茶会・総見 デビューしてみよう！

てはいけないからです。アホらしいですが、決まりなので必ず
守って下さいね。

◇お稽古中の入り待ち

　集合日から公演初日の３日前まで「お稽古」と呼ばれる期間
があります。本番を前に舞台を使わずにスタジオで行う練習のこ
とです。この間に振付や芝居の演出などを行います。

　宝塚では、通常の舞台と違って、お稽古に行かれるスターさん
の入り待ちや出待ちも行えます。宝塚ならではの大きなポイント
です。

　この「お稽古」の期間の入り待ち出待ちにも、やはり集合場所
があります。出演する時間の長さによって、スターさんそれぞれ
のお稽古の日程が変わってきます。出演時間の長いスターさんは
お稽古の日数も多いですが、出番がほとんどない人は休みの日が
多いようです。集合場所はこれも組と生徒さんによって違います。

　お稽古はたいてい14時スタートですが、体馴らしや自主練習
で早めに入る人が多く、午前中の劇団の無料レッスンに参加する
ために10時前に入る人もいます。そのために入り待ちの集合時
間は午前中が多いです。

　集合場所は大概、劇場前の建物「ハウジング前」で行われま
す。駐車場の出入り口が上座にあたり、上級生会の待つ場所にな
ります。そこから下級生と順番が決まっています。分からなけれ
ば、待っている人に聞いてみたらいいと思います。間違った場所
で待っているとスターさんが怒られてしまいます。他の組や上級
生の会の方とも時間が被ることがあるので、知り合いがいない時

57

には「初めてなので分からないのですが、ここは○○さんの会ですか？」などと尋ねて、待機場所を確認して下さい。ここでも、学年成績順で並ばないといけません。お稽古待ちの常連さんなら「ここは××さんの会だから、○○さんはもう少しあっち」など教えてくれるはずです。慣れてない場合は、学年順の目星を付けて、グループごとに聞いてみた方がいいでしょう。

　生徒さんが来たら、公演中と同じように、その場で少しお話しをしてくれることもあります。お手紙を渡したら楽屋前に移動です。この時も隣を歩く人はスターさんとお話が出来るチャンスがあります。楽屋前に着いたらダッシュで銀の柵の前で列になり、しゃがみます。スターさんは、全員座るのを待ってから1人1人に手を振って楽屋口に入られます。公演中は右側に曲がられますが、お稽古中はそのまま真っ直ぐ進みます。一番奥の角を曲がるのを見送ったのち、移動して解散となります。解散場所は、私の会は螺旋階段でしたが、やはりこれも会によって異なるようです。

◇お稽古中の出待ち

　スタンバイ場所で待機です。私の会はオスカル像前でした。夜の暗い花の道で、スターさんを待ち続けます。歌劇団の楽屋口は明るいと思っていたのに、夜の帳の中ではやはり薄暗くてスターさんのお顔はよく見えません。全身のお姿も見えづらくて確認しにくかったです。

　スターさんが出てくると代表さんが走り寄ります。スターさんを確認出来たら、スターさんの後ろ姿を目指してダッシュします。ダッシュというと語弊がありますが、気持ちはダッシュです。何

しろスターさんは歩くのがとても速いので、スターさんを目指す
となると、どうしても急がないといけない気分になるのです。後
は公演中と同様、スターさんと一緒に歩き、駐車場近くに移動し
ます。そこでお手紙を渡し、解散するまで同じ流れとなります。

東京宝塚劇場の場合

　DR（ドレス・リハーサル＝舞台稽古）の時の入り出待ちには
会服は不要ですが、公演が始まってからは会服を必ず見える場所
に着用して下さい。平日と休日とで待つ場所が変わります。

◇平日の立ち位置
　平日は、トップ会と2番手会は「シャンテ側」、それ以外の会
は「劇場側」の階段で並びますが、この場所に並ぶ前の集合場所
があります。
　劇場側と言われたら、「チケット売り場前」か通称「銅像前」
が集合場所です。銅像とは「クリエ側」へ渡る横断歩道の近く
に立っている女性の像のことです。その辺りで学年順に集合で
す。銅像の近くが上座にあたります。新公学年の場合は、銅像か
ら「日生劇場側」へ少しずれて待っていた方が無難です。平日は
出待ちでも集合場所は基本的には同じですので、憶えておくとい
いでしょう。

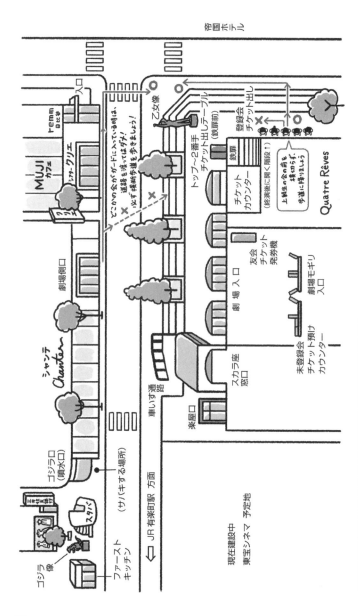

第4章　入り待ち・出待ち・お茶会・総見 デビューしてみよう！

　ガードの場所、劇場前の階段への誘導は、基本的にスタッフさんがやってくれますが、スタッフさんがいない場合は、他の会のスタッフさんが誘導してくれることもあります。「自主的に入って下さい」と言われたら、スターさんが劇場前にいないか、他の会が座っていないかを確認して、他の会が立っているようでしたら、一番下座（楽屋口から遠い場所）に入って下さい。他の会のスタッフさんが、スターさんの名前を確認して誘導してくれるはずです。会服で分かるので確認しない場合もあります。何も言われない場合は、そのまま下座で待機して下さい。

　場所が東宝（東京宝塚劇場）の場合は、ギャラリーが多いのが特徴です。特にスターさんがいらしてからは、今まで他の会の後ろで待っていたギャラリーも移動して来ます。そのため、ギャラリーのためにも必ずしゃがむ必要があります。基本的には「帝国側」からスターさんが来た場合は、横断歩道を渡り始めたらしゃがみます。「有楽町駅方面」から来た場合は、確認出来次第しゃがみます。これは組によって違うらしいので、その会のスタッフさんの指示に従って下さい。基本的には、ほぼ必ず慣れている人がいるはずなので、スタッフさんや他の会員さんと同じように行動していれば大丈夫です。今は、工事中の東宝シネマ予定地に差し掛かったら、座るように決めている会が多いようです。でも必ず確認して下さいね。

61

◇休日の立ち位置

　休日の場合は、平日の時と場所が入れ替わります。トップ、2番手会は「劇場側」、それ以外は「シャンテ側」になります。基本的に楽屋口に近い場所が上座です。平日と同じように集合場所があります。そこからの移動ですので、スタッフさんの指示に従って下さいね。場所を入れ替える理由は、よくは分かりませんが、私が聞いた話では集まる人数の違いによるらしいです。

　劇場側は階段があるところはほぼ全て使えますが、シャンテ側ではクリエの前はクリエの営業妨害になるため不可など、平日と休日で入り出待ちをする人数や付近に集まる一般人の通行量が違うために入れ替えをしていると聞いています。

◇入り待ち

　入り待ち後、スターさんが楽屋に入った後に元の集合場所へ戻ります。スタッフさんや代表さんから必要通達事項を告げられて解散です。代表さんとスターさんの打ち合わせがある場合は5分ほどかかりますが、必ず待っていて下さいね。出待ちの時間や追加チケットの募集などの通達の後、入り出のポイント制がある会はスタンプを押してもらって解散となります。たまにスタッフさんがスタンプを持ち合わせてない場合もありますので、必ずスタンプカードには来た日の日付を書いておいてください（＊ポイントカードではなく、出席簿制の会もあります。並んでいる最中にボードが廻ってくるので、そこに名前と会員番号を書きます。これもポイントカードと同じ意味合いになります）。解散したのちは、速攻で会服は取った方がいいでしょう。

第4章 入り待ち・出待ち・お茶会・総見 デビューしてみよう！

東宝の入り待ち 移動のしかた
2列の場合

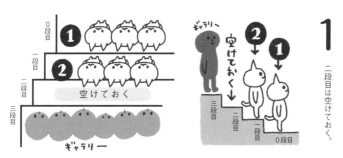

1

二段目は空けておく。

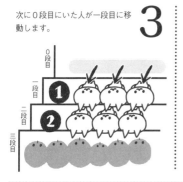

3

次に0段目にいた人が一段目に移動します。

2

移動するときは、まず一段目にいた人が二段目に移動します。

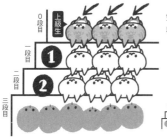

4

空いた1段目に上級生会／下級生会が移動してきます。

※図は上級生会が移動してくる設定。銅像前から移動してきます。

63

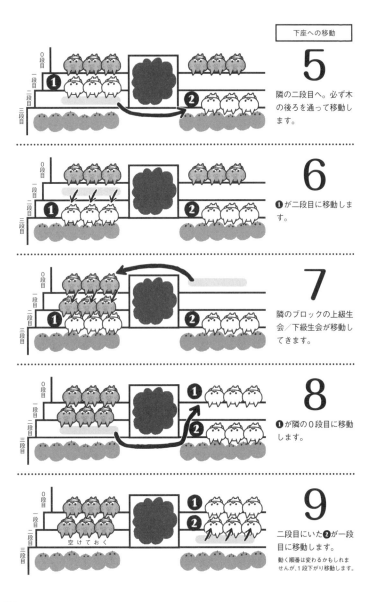

下座への移動

5

隣の二段目へ。必ず木の後ろを通って移動します。

6

❶が二段目に移動します。

7

隣のブロックの上級生会／下級生会が移動してきます。

8

❶が隣の０段目に移動します。

9

二段目にいた❷が一段目に移動します。

動く順番は変わるかもしれませんが、1段下がり移動します。

第4章　入り待ち・出待ち・お茶会・総見 デビューしてみよう！

◇出待ち

　登録会のスターさん全員が出終わるまで、スターさんが出終わらない場合には、ガード場所に入ってから1時間位で出たスターさんの会だけが解散となります。遅くても平日の1回公演では大概18時前後、休日は20時前後に解散します。出ないスターさんはそのまま、抜けたスター会の場所へ移動して待ち続けます。解散した後は、スタッフさんの指示に従って解散するための場所へ移動します（集合場所ではない場合がほとんどです）。そこでスタッフさんからの通達事項を聞いて、スタンプを貰うなりして解散です。

　登録会でない場合は、通称「ゴジラ広場」での入り待ち出待ちとなります。これも学年、成績順で場所が細かく決まっているようなので、到着したら必ず周りの人に確認して下さいね。入り待ちをしている人は特徴があるので、大概分かると思います。ここでは、立ったりしゃがんだりすることはありません。

◇入り待ち、出待ちの注意点

　入り待ち出待ち中はスターさんや会の悪口、不平不満は絶対に御法度です。舞台や公演の批判や文句も言わない方がいいでしょう。どうせ誰も聞いてないだろうと思っているのか、たまに耳にしますが、周りは「壁に目アリーや地獄耳アリー」ばかりです。自分の応援しているスターさんの悪口や不満、時には馬鹿にしているような人もいます。そういう話をしている人の声は大概大きいので、聞こうと思わなくても耳に入って来てしまいます。自分たちは日頃の鬱憤を晴らせて気持ち良いかも知れませんが、周り

65

にいる人からしたら、自分の好きな人を貶(けな)されるのですから、嫌な気分になるのは当然です。

　入り待ち出待ちは自分たちだけの時間ではありません。スターさんや会に対してだけではなく、悪口自体、止めた方がいいでしょう。

　もしスターさんが来るのに時間がかかっていたとしても、「遅い」などという文句は絶対に言わないで下さいね。他の会を待たせて悪いとたまに言う人がいますが、出て来ない場合のために解散の時間が設定してあるのですから、心配は不要です。「遅いね、同期と話してるのかな」くらいなら大丈夫ですが、「遅い！何やってるのよ！」とたまに怒っている人を見かけます。静かに待っている人の迷惑になりますので、他の用事があるようでしたら、文句を言いながらイライラして待つより、スタッフさんに断って抜けてしまった方がいいと思います。入り出の場所には、ギャラリーと呼ばれる入り出を見たいだけでファンクラブには入っていない一般の人もいます。どんな事情があるにせよ、悪口を言っている人がいるとスターさんの印象も悪くなります。**不平不満、悪口は劇場から離れて**お茶をしながら、100%プライベートな空間でした方がいいでしょう。どうしても話したい場合は、LINE などを使ったりして周囲に聞こえないように気を配ってほしいものです。

　入り出はファンクラブのアピールの場でもあります。その場に暗くて感じが悪い人が集まっているようだと、スターさん自体、類友の法則で嫌な人だと思われます。あなたはスターさんを「嫌な人だ」「感じが悪い人」だと思われたいですか。思われたくあ

第 4 章　入り待ち・出待ち・お茶会・総見 デビューしてみよう！

りませんよね。でしたら、多くのファンがいる場所で人の悪口や不平不満、見下すような言葉や態度は慎むべきです。たまに、スターさんを囲い込んで数人だけで応援したいがために、悪口を言っていたり、不機嫌なオーラを出す行動をするような人たちもいます。でも、そんなふうにして新規ファンを追い出すような人たちは、**スターさんから嫌われます**。スターという職業上、悪いイメージを持たせるのは営業妨害にあたりますし、そういう人は手紙や話の中身、所作や行動に出てしまうものです。スターさんのためにも、悪口は絶対に止めましょう。

　悪口ではなくて普通の話をしている時にもマナーがあります。隣の人を飛び越して話すのは失礼にあたります。入り出待ちをしている時は隣の人と話すようにし、人を飛び越して話すのは絶対に止めましょう。話に入って欲しい場合は隣の人に挨拶をしてから。そして、必ず会話の中で「あなたはどう思われます？」と隣の人にも話を振るようにしましょう。

　入り出待ちは、周りの人と一緒にスターさんを待つ時間です。皆で楽しく待てるように心がけましょう。スターさんのイメージも、入り出の人たちの印象で変わってしまいますよ。皆で楽しそうにしていると、スターさんも喜んでくれます。スターさんを中心に楽しい輪が出来るようなイメージになると、スターさんはファンのことがますます大好きになります。つまり、それは**「あなたを好きになる」**ということにも繋がるのです。

　もし、杖をついていたり、車椅子を使用しているといった理由で、早歩きやしゃがむことが出来ない場合は、会に相談してみましょう。しゃがむのを免除されたり、早く歩けないことへの対策

67

を考えてくれます。体調不良でいつ倒れるか分からない場合は棄権して頂きたいですが、杖をついているので不安、車椅子だから···など、急な移動やしゃがむことが出来ないだけで健康上の不安がない場合は、参加出来る可能性が高いので、諦めないで必ず会に相談してみて下さい。

　長時間立つことが出来ないのであれば、ギャラリーも出来ないと思います。参加の最低条件として、1時間以上その場にいられることが前提となります。車椅子を使用している場合は、一度、ギャラリーとして参加してみて、大丈夫だと判断出来たら会に相談してみて下さい。ただし無理は禁物です。

　私は以前、同じ会で杖をついている人や車椅子の方と一緒にガードしたことがあります。同じファンとして、1人でも多くの人にスターさんとの交流やファン同士で楽しいおしゃべりの時間を過ごして欲しいと思っています。大丈夫なようでしたら、杖の方や車椅子の方もぜひ会に相談して、入り出待ち、ガードに参加して頂きたいと思います。

◇入り待ち出待ちの集合時間の遅刻について
　移動前で、集合場所にまだいる場合は、そのまま最後尾に入ります。移動した後でしたら、東京なら列の後ろからそーっと入ります。ムラの場合、ファン広場でのガードは後ろからそーっと入り、ちどり方面でしたら、歩行者のように会の前まで行って同じようにそっと入りましょう。ただ、毎回遅れるとズルをしているように思われますので、出来るだけ遅刻しないようにしましょう。

第 4 章　入り待ち・出待ち・お茶会・総見 デビューしてみよう！

◇雨の日のガードの持ち物について

　雨の日でも、もちろんガードはあります。台風の日や強風の日は、中止になることもありますが、多少の雨なら決行します。でも、ガードは義務ではありません。嫌なら無理をせずに帰りましょう。風邪をひいていたり、体調が悪い日も同じです。雨の日のガードに参加する場合は、必ず雨合羽を持って行くことをおすすめします。傘を差していても、隣の人の傘から垂れる滴で、肩、腕、背中が結構濡れるからです。解散後に着替えたくなるくらいに濡れる場合がほとんどなので、雨合羽を持って行った方がいいでしょう。また、ゴミ袋を持参すると、荷物を入れて地面に置けるので便利です。

　一応、暗黙のルールとして、生徒さんが来たら傘を閉じます。生徒さんの前で傘を差すのは失礼になるという理由ですが、最近の生徒さんは優しいので「濡れるから傘を差して下さい」と言ってくれる生徒さんがほとんどです。たまにおっとりしている生徒さんがいらっしゃって、その言葉を言ってくれない人もいます。そういう時のためにも雨合羽があると安心です。百均でも何でも構いませんので、必ず雨合羽を持って行くようにした方がいいでしょう。

◇日傘について

　東宝の劇場側の入り待ちは、日射しとの戦いでもあります。お手紙ちゃんの場合、生徒さんから「眩しいので、みなさんサングラスをして下さい」とサングラス OK のお言葉を頂いたこともあり、実際、日射しが眩しいので、サングラスをして入り待ちをし

69

ていましたし、日傘を差しながらガードに入る人も多いです。

　その場合は、下級生が手紙を受け取り楽屋口前の角に差し掛かる手前、**車椅子用の道の前を通る辺りで傘を閉じて**あげて下さい。傘を差していると、その傘に隠れて下級生会の位置からは生徒さんが見えなくなります。皆様、もうお分かりだと思います。最後のお手振りが如何に大事か。どうかお手振りを見せてあげるために、傘は必ず閉じてあげて下さいね。

　もし、楽屋口の手前に差し掛かった時に、上級生会が傘を閉じてくれたおかげでご贔屓さんのお手振りを見ることが出来たら、下級生会の会員さんは嬉しくてたまらないはずです。そして、あなたの応援している生徒さんを大好きになるはずです。そうすると、どんなことが起こるでしょう？ ・・・ 答えは、あなたの応援している生徒さんへの拍手が増えたり、ネットでの賞賛の言葉が多くなるはずです。ギャラリーも「ここの生徒のファンは優しい」と思ってくれるでしょうし、そうなるとその生徒への好意も増すものです。そして、下級生ファンは、その下級生に「こんなことがありました！」と手紙などで報告してくれるはずです。そしたら、その下級生はあなたの応援している生徒さんにお礼を言うに違いありません。つまりは・・・。ますます愛されてしまうわけです！　傘を閉じれば皆が得をするんです。なので、生徒さんが手を振る時には日傘を閉じてあげましょう。傘は先が尖っています。目に入る可能性がありますので、しゃがむ時や立ち上がる時は、よく注意してから行動して下さいね。

第4章 入り待ち・出待ち・お茶会・総見 デビューしてみよう！

お茶会って何？

　お茶会とは、会が主催する「スターさんのトークショー」のことです。ホテルや結婚式場などの会場を借りて行い、食事が出る場合は「お食事会」になります。

　出演するのは基本的にスターさん1人です。スターさんがひな壇に上がり、マイクを使ってトークショーを行います。通常は代表さんが司会を務めますが、まれにプロの司会者や名物スタッフが行う場合もあります。会費は4千円～1万円程度（ホテルのランクやスターさんの格によって値段が異なります）。

　会場は「シアター」と呼ばれる劇場と同じように椅子を並べただけのものと、「テーブル」と呼ばれる10人掛け程度のテーブルを結婚式のように並べている場合とがあります。トップクラスになると、東京では帝国ホテルやオークラ、品川プリンス、東京会館などで行われることが多いです。宝塚らしい華やかで品のある場所ですね。テーブルの場合、帝国やオークラは丸テーブルですが、東京会館は四角い長テーブルが使われます。

　下級生のお茶会は、sanmiという式場や明治記念館、喫茶店などで行われること多いようです。sanmiさんではサンドイッチとケーキがワンデュッシュに盛り付けられたものと紅茶、他の式場ではそれぞれケーキと紅茶が出ます。それでお茶会と呼ばれるのですが、シアターでは机がないのでケーキは出すことが出来ません。そういう場合はお菓子とペットボトルの紅茶がお土産とともに紙袋に入っていることが多いです。

71

◇**お茶会に参加するには、どうすればいいの？**

　会に入っていない場合は、SNS の募集や友人からのお誘いの他、入会案内を貰うのと同じようにスターさんに直接「お茶会に行きたい」と手紙を書いたり、チケット出しの時に貰いに行くなどして参加申込書を受け取ります。申込書に必要事項を記入し、銀行で支払った料金の振込み用紙を張り付けてポストに投函すれば終了です。

　あとは当日会場に行くだけです。チケットが送られて来たりはしませんので、不安な場合は申込書と振込用紙のコピーを持って行った方いいでしょう。お洒落をして、開始の時間までに会場へ向かいます。ドレスコードは「ホテルに相応しい格好」です。綺麗めワンピやチュールのスカートなど、しっかりとおめかしして下さいね。自分が一番可愛く魅力的に見える服装がベターですが、**デニムとＴシャツは不可**ですよ。ホテルという場所に相応しくないからです。

　結婚式の時のようにドレスで行く必要はありませんが、パーティに相応しい服で行くと、スターさんもきっと喜んでくれます。宝塚に入る人ですから、綺麗なものや可愛いものが大好きな人が多いと思います。だから、出来るだけヨソイキの可愛い服、綺麗な服で行って下さいね。そのためにネイルやヘアサロンに行く人も多いです。中には、クイックメイクでパーティメイクをしてもらう人もいるくらいです。出来るだけお洒落して、この日のために頑張りました！な格好の方がいいと思います。

　さて、開場に着きました。

第4章　入り待ち・出待ち・お茶会・総見 デビューしてみよう！

　まず受付でチケットを受け取って下さい。複数の人数で行く場合は、代表で申し込んだ人の名前を伝えて下さいね。チケットには、あなたが座るテーブルナンバーが書かれています。アルファベットの場合もあれば、数字の場合もあります。「R-1」など、テーブルナンバー以外に座席番号が書かれている場合は、指定の座席に座ります。書かれていない場合は、そのテーブルの好きな席に座って良いことになっているので、どちらか分からない場合は、開場時間より前に会場に着くようにしておいた方がいいでしょう。シアターの場合は、ブロックと座席番号が書かれているはずです。

　さあ座席に着きましょう。テーブル（シアターの場合は椅子）の上にはケーキと紅茶があり、次のようなものが置かれています。

・本日のプログラム
・アンケート用紙
・スターさんへの質問用紙
・グッズの申込用紙（グッズ売り場にある場合もあります）
・お土産

　シアターの場合は、紙袋の中にペットボトルの紅茶とお菓子が入っていると思いますが、**この紅茶には口を付けてはいけません。**ペットボトルでも乾杯をするはずですから、蓋は開けておいた方がいいと思います。これはテーブルの時も同じです。

　お茶会の楽しみの１つがお土産。

　こちらは「会のオリジナルグッズ」であることがほとんどです。

73

夏はスターさんの名前入りお扇子なんて粋なお土産をくれる会も
あります。私が過去頂いたことのあるお土産は、お扇子、ポーチ、
爪切り、爪やすり、油とり紙、化粧ブラシ、傘、香水、スタバの
マイボトル、メモを挟むクリップ、お皿など。全て公演やスター
さんに因んだもの、もしくはスターさんの名前や写真の付いた会
のオリジナルグッズです。大きな会になると名前がお洒落なロゴ
マークになっているので、一般使いしても恥ずかしくないデザイ
ンです。基本的にお土産にはこれといった決まりはないので、何
をお土産にしたらいいか各会代表さんも頭を悩ませているようで
す。ちょっとダサいデザインだったとしても、文句はその場では
言わないこと。何とか褒め言葉を探すか、黙ってそっとしまうの
が大人です。たまに何か言っている人もいますが、放置するか、
話しかけられたら「お茶会自体が初めてなので。お土産が貰える
んですね」とか「初めて参加するので、スターさんのグッズを初
めて見ました、持てるだけで嬉しいです」とでも返しておくと角
が立たないと思います。

　さて、グッズの販売を見に行きましょう。**会でしか売っていな
いスターさんのお写真やグッズ**を売っているはずです（下級生
の場合、ない場合もあります）。プログラムと一緒に置いてある
グッズ申し込みの記入用紙とボールペンを持って、グッズ販売に
行きましょう。会場内かロビーにあるはずです。分からない場合
は、スタッフさんに聞いてみるといいでしょう。

・スターさんが公演で使われた衣装を身に着けた写真
・オフの時の普段着姿のスターさんの写真

第 4 章　入り待ち・出待ち・お茶会・総見 デビューしてみよう！

・会のオリジナルグッズ
・千社札
・歌劇団から出された写真集や CD

　などが売られています。写真は 10 枚で千円程度の会が多いです。その場で購入出来る場合と、申込みと支払いをしてから後日郵送される場合があります。歌劇団のスチールには直筆サインが入っていることが多いです。トップさんや 2 番手さんなど人気のスターさんのグッズは、残念ながらオリジナル写真（サイン無し）のみの販売となります。会のオリジナルグッズも歌劇団の販売グッズに負けず劣らず、スターさんへの愛がこもった素敵な写真があり、その魅力を余すことなく捉えています。ファンなら必ず欲しくなるような写真ばかりですよ。グッズを購入したら座席に戻りましょう。
　次のチェックは「本日のプログラム」です。プログラムにはスターさんのスチールが張ってあるはずです。公演のスチールか、舞台袖や楽屋で撮った写真かは、会や公演によります。もし、歌劇団の発行した公演スチールだった場合、必ずサインが入っているはずです。隣の人と見比べて見て、ちょっとでも角度が違っていたり、相違点がないか調べて下さい。相違点があったら、おめでとうございます！　**直筆サイン入り**です。スターさんが一生懸命忙しい時間を縫って、一人一人に書いてくれたサインですよ。しかし、もし相違点が見つからなかったら、今度はスチールの裏を見て下さい。歌劇団のロゴマークがありますか。ない場合は、残念ながら印刷です。悲しいけれど、ままあることだったりしま

75

す…。歌劇団のロゴマークがある場合は、直筆だと思っていいと思います。さて、プログラムには「握手コーナー」と書かれていますか。書かれていた場合は、**スターさんと直接握手が出来ます**。一言だけ声をかけても構いませんので、何を言うかを考えておいて下さい。ここではサインを貰うようなことは出来ません。あくまで握手と一言だけの時間です。長々と話をするのもタブーです。「応援しています」「今日初めてです」「楽しかったです」などと声をかける人が多いようです。あまりスターさんを困らせるようなことを言う人は、会からチェックが入ってしまうので、無難な言葉を選んだ方が良いでしょう。プレゼントを持参している場合は、スタッフさんにいつ渡していいのか聞いてみて下さいね。下級生の場合は、この握手コーナーで渡すか、お見送りで渡すことが多いです（プレゼントの手渡し自体を禁止している場合もあります）。スターさんと直接握手が出来て、一言だけでも自分との時間が貰える。ファンとしては最高に幸せな時間だと思います。

　あとは、ゲームをしたり、質問コーナーがあったり、歌が得意なスターさんは歌を聞かせてくれたり、スターさんとの楽しい時間が過ごせます。時間はだいたい1時間程度の会が多いようですが、スターさんが出口でお見送りをしてくれる場合は、2時間程度時間を見た方がいいでしょう。お見送りとは、結婚式のように出口で一人一人に対してご挨拶をしてくれる触れ合いの時間です。こちらもあまり長く話さないように注意して下さい。プレゼントはここで渡す場合が多いです。もし「○○さん、退場」となっていたら、お見送りはなしです。お見送りがある場合ですと、握手を含めて2度、スターさんとの時間を持てることになります。

有意義に楽しんで下さいね。

　お茶会の流れは以上です。お茶会が始まるまで時間が余っている場合は、隣の人とおしゃべりしたり、握手の時の一言を考えたりしていればあっと言う間です。大好きなスターさんとのひととき。幸せな時間を大いに満喫して頂きたいです。

◇**親睦会ってお茶会とどう違うの？**
　親睦会は、ファンクラブ会員しか参加出来ません。基本的に、全国ツアーなどあまりスターさんが会場にいられない時や、お稽古中に誕生日があった時などに行われます。スターさんが挨拶する程度の短い時間にはなりますが、会場に来て下さることが多いです。ただお稽古中の場合は、残念ながらお稽古の終了する時間が延びてしまい、会場に来られない場合もあります。スターさんが来ることの方が多いですが、基本的には**会員同士が交流を深めるために**あるようなものと思って頂きたいです。ただ、やはり重要な会活動なので、貢献度を考えると、参加した方が良いとは思います。

◇**ケーキはいつ食べたらいいの？**
　好きな時に食べて大丈夫です。お手紙ちゃんは、会が始まる前にもりもりと食べていました。乾杯のためのお茶にさえ手を付けなければ問題ありません。ただ、テーブルの人が食べない場合は、合わせた方が気が楽かも知れません。写真撮影や握手コーナーがある場合、手持ち無沙汰になるので、その時に食べる人もいます

し、スターさんが退場した後に食べる人もいます。自分のタイミングで好きな時に食べた方がいいでしょう。お腹が空いていたら先に食べても OK です。

◇もしもスタッフの誘導が悪かったら・・・

　時には、お茶会のグッズを売っているスタッフさんの誘導の仕方が悪いことだってあります。
「並ぶためのポールはおろか、列すら作られていない」
「なのに他のスタッフさんと打ち合わせをしている！」
「割り込みされてグッズや写真が売切れちゃったらどうしてくれるのよ！」
　そんな風にキレてる人を見たことがあります。どうやらその会は、スタッフさんが慣れていないようでした。そんな時は、どうしたらいい状態になるのか考えましょう。列がちゃんと出来ていれば割り込みをされずに済むわけです。「列は出来てますか。列を作りましょうか」と周りの人に提案してみましょう。強く言うと、生意気とか仕切っていると思われるかも知れないので、「提案です」と言ってお願いするのです。
　お茶会のスタッフさんは、お手伝いさん（一般会員）である可能性が高いです。それに本当のスタッフさんだったとしても、彼女たちは販売業を主としているわけではありません。だったら慣れてなくて当たり前ですよね。お金を扱っているからとキツイ目で見ないで、どうしたら彼女たちの負担が減り、自分が得をするか考えてみて下さい。もしその場では実行出来なくても、テーブルの上にプログラムと一緒に置いてあったアンケートに、こうし

第 4 章　入り待ち・出待ち・お茶会・総見 デビューしてみよう！

てはどうかと提案してみると、次からは改善されているかも知れません。

◇お茶会で渡すプレゼントって何がいいの？
　これはとても難しい問題です。自分があげたいもの … を選ぶといいと思います。が、スターさんはお茶会のプレゼントを、実にたくさん貰います。だから、よっぽど値打ちのある品物じゃないと、覚えていてもらえないそうです。だから、お金に余裕がある人は好きなものを渡し、そうでない人は手紙とちょっとしたものでいいと思います。ちなみに過去、2000 円以下のもので、こんなものが喜ばれたらしい … と噂された品物は、

・三善（舞台化粧品専用のメーカー）のスポンジ、ペンシル他なんでも
・シャネルの脂取り紙（1500 円程度）

　金券はダメだとも言われていますが、メトロカード（今の Suica）を喜んでいた生徒さんもいらっしゃるようです。よく使うものだと考えれば、金券がやはり強いらしいです。今ならスタバのカードでしょうか。でも、それよりも何よりも嬉しいのは、やはりお手紙みたいです。舞台の良いところ、好きなところ、魅力的だと思うところを、びっちりと書いてあるお手紙が何よりも嬉しいそうですよ。
　お手紙ちゃんは、下級生さんのお茶会のお手伝いを何度かしたことがあります。お手伝いと言っても後片付けがメインですが、

79

その時に生徒さんへのプレゼントの管理もさせて頂きました。お茶会の最後に、生徒さんがお茶会の参加者をお見送りしますが、その時に受け取ったプレゼントに手紙を貼る係をしてました。生徒さんが受け取ったプレゼントの袋を代表さんが預かります。お見送りが終わった後、生徒さんが食事をしている間に、お手紙ちゃんは紙袋からプレゼントを取り出し、中に入っている手紙をプレゼント本体にセロテープでペタっと張る係です。

　手紙の中を見るようなことは絶対にしません。封筒の場合、差出人の名前が見えるように、リボンに一度手紙を挟んでからテープで留めていました。そこは大きな会ではなかったので、プレゼントの中身を開けるようなことはしません。中身が何なのか、手紙の内容も生徒さん本人しか知りません。プレゼントの中身が大変気になったものですが、大概はメーカーの紙袋で渡す人が多かったので、「某有名腕時計会社さんの時計」とか「シャネルの化粧品」らしいとか、誰でも想像できるようなことしか分かりませんでした。開封なんてしません！　安心してプレゼントと手紙を渡して下さい。でももし、メーカーすら知られるのが嫌な人は、伊東屋さんやハンズなどで紙袋を購入して、メーカーの袋からその袋に入れ替えてから、プレゼントした方がいいと思います・・・。お手紙ちゃんは、プレゼントする時は必ずそうしていました。誕生日はもちろん、バレンタインやクリスマスも。たとえ中身が安くても、シャネルなどの化粧品だったとしても、必ず 100 均の紙袋で渡していたのです。

　プレゼントを渡す人は、必ず自分の名前が書いてあるカードや封筒を持参して下さいね。せっかくプレゼントを渡したのに、後

第4章　入り待ち・出待ち・お茶会・総見 デビューしてみよう！

で誰がくれたか分からなかった！　なんてことがないようにするためです。

　本来なら、代表スタッフが気を付けなければいけないことですが、たくさんの人から貰ったプレゼントの紙袋を記憶しているのは無理です。同じメーカーの紙袋が2つあって、どちらにも名前が書かれてない！　なんてこともあるかも知れませんから。

総見て何？

　チケット申込用紙と一緒に送られてくる総見の申込用紙。総見て何だろう。そう思われる方も多いと思います。総見は、ファンクラブの会員（と会員の友人）だけで行われる**一部貸切の観劇会**です。スターさんの名前で団体席を取るので、生徒さんの実績にもなりますし、その公演は普段よりも多くのファンが見ているため、いつも以上に張り切って舞台に立っているようです。参加するためには**会服を購入し、着用**しないといけません。また、この公演には「お土産」が付きますので、お土産代として5百円程度の参加費用が上乗せされます。お土産は、クリアファイルだったりスターさんの名前入りミニタオル、携帯クリーナーだったりと多種多様です。

　座席種についてですが、トップ会は基本的にS席。座席が足りない場合は、S〜Bまで全て使われる時もあります。その場合は、申し込みはS席として後で返金対応となり、チケット袋にチケットと返金される現金が一緒に入っています。下級生の場合はA席

81

かB席が多いようですが、誕生日総見などの時は、S席になる場合もあります。**座席は基本的には貢献順**です。貢献度が高い人ほど前の座席になるので、会の中の貢献度が一目瞭然です。なので、ギスギスさせるのが嫌な会は、抽選にしているようです。会員的には抽選が一番良いのですが、会側は準備が大変なので、貢献順にしたいのが本音のようです。

　総見には次のような種類があります。

・劇場の一部を貸切り、組全体のファンクラブで見る「組総見」
・1つのファンクラブだけで団体席を確保する「会総見」
・いくつかの会の合同で行う「コラボ総見」

　など。では、詳しく説明していきます。

◇**組総見**

　組総見というのは、トップ会から下級生までの歌劇団に会登録している全ての会で、劇場の一部を貸切するイベントです。盛り上がりは最高潮に達して会場全体が一つになるため、生徒さんがとても張り切ります。私も何度も組総見には参加しましたが、各会の会服を来た人が劇場内に一同集まり、スターさんもとても楽しそうで、いつも以上の熱い盛り上がりに観客は皆大興奮していました。

　ぜひ参加して頂きたい公演なのですが、スターさんが張り切るスペシャル公演ですので、申込みが大変多く、取次も会によっては難しい場合があります。とにかく見て損はありませんので、ぜ

第4章　入り待ち・出待ち・お茶会・総見 デビューしてみよう！

ひ申し込んでみて下さい。

　配席は、トップ会が座席の半分、2番手会がそのまた半分（4分の1）という風に、スタークラスによって取次枚数が異なります。下級生会ではよほどの貢献会員でないと参加するのが難しいので、もし取次がなくても仕方ないと思って下さいね。

◇**会総見**

　会総見は、そのスターさんだけの部分貸切がある公演です。これが2つ3つと重なる場合もあります。

◇**コラボ総見**

　2つ以上の会の合同で行う総見です。星組さんでは「スター総見」といって、その組のチラシに乗るスターだけで行う特別な総見がありました。グッズは総見スター全員の写真の入ったクリアファイルやメモ帳など。総見の中でも一番豪華だった記憶があります。これらの総見では「コメントの書かれた台紙」と「サイン入りの総見メンバーだけの写真」が貰えます。大スター数人の写真だけでも垂涎なのに、しかも（コピーでも）サイン入り。そのために無理して総見に参加する人も多い公演です。

◇**その他**

　スター総見のほかに、下級生だけで行う「プリンス公演」、娘役だけの「プリンセス公演」などのコラボ公演も華やいでとても楽しいです。また、公演に因んだ総見もあります。**ロミオ＆ジュリエット**では「キャピレット家の舞踏会」「モンタギュー家の舞

83

踏会」、**スカーレットピンパーネル**では「ピンパーネル団総見」
がありました。**黎明の風**では「GHQ 総見」「日本国総見」「元帥
と○○（役名）」などもありました。このコラボ総見で貰える写
真はプレミアと呼んでいいと思います。何しろ、その公演の衣装
を着たスターさんが並んだお写真です。たとえ舞台裏だったとして
ても、公演の空気を感じます。仲良しなピンパーネル団が並んだ
写真、GHQ のアメリカ軍の軍服が並んだ写真などは、とても良
い思い出になると同時に、公式では売っていない大変貴重なグッ
ズです。

　その他に、同期で登録している場合は「同期総見」というのも
あります。宙組さんの「85 期総見」「88 期総見」の写真の豪華
さはたまりませんでした。ちょっと前なら、明日海りおさんと望
月風斗さんの「89 期総見」もあったのではないでしょうか。2
人が仲良く並んだお写真は、ファンでなくても欲しいものですよ
ね。これはファンクラブでないと、しかも総見に行かないと手に
入らないわけです。入り出待ちは辛いからパスしたい人でも、こ
のお宝とも呼べるお写真は欲しい人が多いのではないでしょうか。

　なお、お土産代を徴収する総見もありますが、お土産代がない
総見もあります。後者の場合は、スターさんの写真がお土産にあ
たります。お土産代を徴収しない場合でも、楽しいお土産があり
ますから、ぜひ参加してみて下さいね。

◇総見のルールって何？

・会服の着用
　まず、**上演中は必ず会服を着用**してください。

第4章　入り待ち・出待ち・お茶会・総見 デビューしてみよう！

　スターさんが自分のファンクラブの座席を探しやすくするためです。スターさんが自分の会の総見席を見つけられると、どんなことが起こるのでしょう。

　ズバリ〝**目線**〟**が多く貰えます！**　ただの目線？と思うかも知れませんが、目線を貰えるとやはり嬉しくなるものです。更に会席にバッチンと音のしそうなウィンクや投げキス、手を振って下さるスターさんもいます。自分にウィンクや投げキスが直撃するかも知れませんよ！　そのためにも必ず会服を着用して下さい。

・拍手のポイント

　チケットと一緒に拍手のポイントについての紙が入っています。そのポイントに合わせて拍手や手拍子して下さい。**スターさんの栄養素は、ライトと拍手**です！　拍手が多いと嬉しいとおっしゃるスターさんがとても多いです。

　拍手のお願いは「会拍手」と呼ばれ、基本的には「拍手会議」という名前の会議を登録会で行い、拍手する最低限のポイントや場面を決めます。例えば、スターさん登場の拍手、歌い終わった後に絶対に入れて欲しい拍手の場所についてです。ほとんどは１人で登場するスターへの拍手ですが、「最低限の拍手ポイント」なので、会総見なら、お願いに書かれてなくても、そのスターさんの登場に拍手を入れても構わないわけです。私が観劇している時にそういう拍手を見たら、今日は○○ちゃんの総見なんだなって嬉しくなります。応援団がいる温かさを会場全体が感じるでしょうし、スターさん自身もいつも以上に張り切っちゃうかも知れませんね。いつもは出来ない拍手も、この時だけは入れても大丈夫です。総見スペシャルと私は呼んでしまうのですが、総見

85

はお祭り、周りの迷惑にならなければ何でもありだと思うのです。総見の日だけは拍手をしっかりと入れて、歌舞伎で言う「大向うさん」になったつもりで拍手を頑張りましょう。この日だけは、いつもはオペラで見てしまうような総踊りの場面でも、拍手の紙に「手拍子」と書かれていたらオペラは覗かないで拍手をしましょう。総見はスターさんを応援する日でもあります。目一杯拍手を送りましょう。その気持ちがきっとスターさんを輝かすでしょうし、ファンへの愛を深める行為にもなるはずです。

　以上が総見におけるルールですが、会服は休憩時間には脱いでも構いません。あと、ウィンクで悲鳴、投げキッスで悲鳴も大いにアリだと思います。そんなスペシャルな……思わず悲鳴をあげたくなるようなウィンクや投げキスが飛んでくる可能が大きいのも総見の特徴です。悲鳴と拍手は一緒です。騒ぎ過ぎは良くありませんが、ついつい上がってしまった悲鳴は、うらやましいと同時に微笑ましくもあります。

　東京宝塚劇場が出来上がったばかりの当時の会総見では、公演が始まる前に悲鳴の練習があったと聞きます。スタッフさんが上演前に座席の前に立って、「スターさんが出てきたら、もしくはウィンクをしたら悲鳴をあげましょう。ではスターさん登場です！　ハイ！」で「キャー」とやるわけです。傍から見たら狂気の沙汰で恥ずかしいと思いますが、本気でやっていたそうです。そんな恥ずかしい習慣は今ではありませんが、上演中の心からの悲鳴はスターさんも嬉しいそうです。無理して悲鳴をあげる必要はありませんが、もし、いつもは我慢しているようであれば、1回くらいは悲鳴をあげてもいいのではと私は思います。ガード中

第 4 章　入り待ち・出待ち・お茶会・総見 デビューしてみよう！

や SNS で話題になっている場面、大概はショーの大きなウィンクや投げキスをしてくれる場所になると思いますが、この時だけは"総見スペシャル"で、やっても OK だと思います。

　当日精算の総見の場合、長 3 型と呼ばれる大きさの封筒にお釣りの無い金額を入れます。お札だけの時は軽いシール留めで OK ですが、5 百円硬貨が入る場合はコインが落ちないようにしっかりと封をします。封筒の表に「総見代／名前／チケット代金○○円」お花代を入れる場合は、「お花代○○円、合計○○円」と大きく書きます。当日精算だとチケット受け取りに時間がかかります。封筒を渡すだけなら短時間で済みますし、もし金額が足りなければ、後で代表さんかスタッフさんが言いにてきてくれます。私自身、お土産代が加算されると知らずに、チケット代だけを封筒に入れてしまい、出待ちの時に「お土産代が足りませんでした。」と言われたことがありますから大丈夫です。

　総見はスターさんが普段以上の張り切りを見せてくれる公演です。お土産や写真も記念になりますし、スターさんの写真は何よりも嬉しいものです。ぜひ参加してみて下さいね。

大人会ってどんな会？

　ファンクラブ内の VIP 向けのサービスがあります。ワンランク上のクラスで通称「大人会」と呼ばれる内輪の会です。会の中に、VIP 向けの更に特別な会があるわけです。この大人会に入るためには、通常の会に入っていないと入会出来ません。

大人会に入れる条件は、会によって違うようです。

・年齢が 30 歳以上である
・年齢がスターさんより上である
・ある一定以上の年数在籍している
・ある一定以上の貢献がある

　など、会により選定基準が違いますが、これらを満たすと大人会への入会申込書が送られて来ます。大概は、年会費 6 万円、お花代 1 口 5 千円など、高額な金額を設定している会が多いです。ある一定以上の収入がないと参加出来ない特別な会でもあります。
　大人会にも正式名称がありますが、大概は通称で「大人会」と呼ばれていることの方が多いようです。なお、大人会自体がない会もあります。さて、大人会に入った場合の利点はなんでしょう。それはたった 1 つ。**年 2 回（東西同一の場合は 4 回）のお食事会に参加する権利が貰える**ということ。配席が良くなるということは一切ありません。ただ「スターさんとの時間が増える」それだけです。
　お食事会の参加費用は 1 万 8 千円〜 2 万 5 千円程度の会が多いようです。会場は、宝塚大劇場の場合は宝塚ホテル、東京だとオークラや帝国ホテルなどが多いです。なので、参加費用もその場所での食事料金に相応しいお値段になります。お食事会の主な料金内容は、フランス料理のコースか懐石料理プラスお土産です。料理内容は選べません。レストランの定番、季節や公演に合わせたメニューになります。お土産は公演に合わせた会のオリジナル

グッズが多いようです。会によっては、お食事の前にサイン入りの会オリジナル写真の販売（申込み）などを行っています。席はくじ引きか、最初から決まっていることもあります。参加人数も会によって違い、10名程度でスターさんと間近にいられる会と、200名程度参加の大きな会もあります。

　お食事が終わった後、お茶会と同じく、スターさんのトークショーと記念撮影＆握手会が行われます（握手か写真どちらかだけの場合もあります）。写真撮影は2ショットの会とグループショットの会があります。握手会の規定時間は1人2分程度だったりしますが、2人きりになれる時間を作ってくれる会もあります。200名など人数が多い場合は、一言だけということもあります。お茶会と違って、会からのスターさんへのプレゼント（出演料の代わり）がありません。参加者からのプレゼントが出演料になるので、プレゼントはぜひ持参したいところ。一応、代表やスタッフに確認してから持って行った方がいいかも知れませんね。手渡しでプレゼント出来るので豪華なブランド品を持っていく人も多いですが、年間費用や参加料金も高額ですので絶対に無理がないように！

◇なんのために大人会があるのか
　それは、スターさんのサポート費用のためです。
・退団に向けて貯金を殖やしたいと思っているスターさんのため
・スターさんの活躍を願って会のチケット購入費用を得るため
・スターさんの髪やアクセサリー代などに充てるため
　などの理由がほとんどです。目に分かるような実質的なサポー

ト費用ではありません。大人会に入ってもお食事会へ参加できる
だけで、配席には一切関係ないのですが、何かしらスターさんの
役に立っていることは間違いありません。ですから「それでも構
わない」と思う人だけ入会した方がいいと思います。

　実はお手紙ちゃんも大人会に参加したことがあります。

　初めての時は宝塚ホテルで、人数は 14 名で 2 テーブル。席は
くじ引きによる抽選でした。お料理は懐石で、この時は先付か
らデザートまでの約 8 種類。ワインやビール、ソフトドリンク
の中から 1 杯が選べました。お食事の後、スターさんが登場し、
トークショーとグループショットでの写真撮影と握手会がありま
した。14 名ですから、お茶会よりもずっと間近でスターさんを
見ることが出来て、しかも生声でのお話です。質問コーナーもわ
ざわざ私の隣に来て、質問したことにスターさんが直接答えてく
れます。そしてお食事会の最後は、スターさんがお見送りをして
下さいます。その時に大好きなスターさんともう一度握手をしな
がらお話をしました。大好きなスターさんが、私の名前を呼んで
「有難うございます、これからも頑張ります、よろしくお願いし
ます」など言ってくれるんです。

　2 回目は銀座の夜景が見える個室レストランでした。創作フ
レンチのコースで、前菜、スープ、サラダ、メイン、デザート。
シャンパンとパン、食後のコーヒー付です。お食事の後にグルー
プで写真撮影。それから 2 ショットタイムが 3 分程度でしょうか。
夜景が見える個室で、スターさんがお出迎えしてくれます。扉を
閉めて 2 人きりになったら、スターさんが同じ長椅子に腰かけ
てくれました。

第4章　入り待ち・出待ち・お茶会・総見 デビューしてみよう！

　長い脚を組んで椅子に座る憧れのスターさん。私がいつもお手紙でお伝えしていた「一番格好良く見えるポーズ」で座ってくれたのです。他の人の時には、ちゃんとした座り方をしていたそうなので、私のためにわざわざやってくれた特別なことだったようです。夜景が美しいレストランで、長い脚の素敵なスターさんと、しっとりとした雰囲気でお話タイム。今思い出してもドキドキします。この時も、**私の名前を呼んでお礼を言って下さる**のですが、お話よりもスターさんの美しい瞳を見つめてしまって、あっと言う間に時間が過ぎてしまいました。舞台で見るスターさんも素敵ですが、2人きりの時間を過ごせるという夢のような時間は、かなり高額な年会費とお食事代を払っても惜しくはないと思わせるひとときでした。ちなみに、会により入会金やお食事会の参加費用、内容は異なります。入会したてで大人会にも入りたい場合、スタッフさんや代表さんに「大人会はあるのか、どうしたら入れるのか、入った場合の利点は」など、聞いた方がいいと思います。聞いても詳しく教えてもらえない場合は、一般公表したくない特別な会で、残念ながら参加資格がまだ入会したてのあなたにはないと考えて下さい。ひたすら貢献を上げて声がかかるのを待つしかありません。人数を増やし過ぎたくないので、かなり貢献を上げるか、退会者が出ない限り入れない会もあるのです。何度も書きますが、大人会がない会もありますので、声をかけられないからと悲観的になる必要はありません。また、参加しなくても貢献は下がらない場合が多いので、無理して参加するのは止めましょう。会活動は長く楽しく続けるのが一番大切なことだと思います。無理をしすぎてお金も体力も続かなくなり、それが理由で辞めら

れることの方が生徒さんにはずっと辛いと思います。だから無理をしないで下さいね。

お客様とおばさまの違い

　宝塚のファン用語はたくさんありますが、その中でかなりの頻度で登場する言葉に「お客様」と「おばさま」という言葉があります。

「お客様」とは、残念ながら私たちのことではありません。基本的には、生徒さんや代表さんの知り合いの方たちのことを言います。ファンではないけど、その生徒さんのチケットで見てくれる人のことだと思って頂ければいいと思います。例えば、生徒さんのバレエの先生、学校の恩師、ご近所の人。全て、お客様です。じゃあ、私たちの存在はなんでしょう？私たちは「ファンクラブの会員」であって、それ以外の何者でもないのです。じゃあ、友達が見る場合はお客様になるかというと、それはファンが申し込んだ「非会員」であり、やはりお客様ではないのです。お客様とは、生徒や代表の知り合いか、ある程度のステイタスがある人しかなれないのです。

「おばさま」もよく聞く言葉です。どんな人のことなのでしょう。俗な言葉で表すとしたら「パトロン」にあたります。パトロンと言うと、男を想像してしまいますね。清く正しく美しい宝塚では、男の存在はタブーです。実際に援助している人も女性なので、「おばさま」と言うのだと推測します。「叔母様」が姪っ子に会っ

ている。可愛い姪っ子だから援助している。という風に誤魔化すためだったのかも知れません。お手紙ちゃんは「おばさま」という言葉の正しい由来は知りませんが、立場としてはパトロンにあたるわけです。

　こちらになるにも、やはりある程度のステイタスが必要です。どうしたらなれるのか …。それは残念ながらお手紙ちゃんにも分かりません。

　どうやら個人的に会える関係の人が、「おばさま」という立場のようです。ただお金を使うだけではなく、人柄も安心出来る存在でないと、おばさまにはなれないようです。

　おばさまの援助額はどのくらいか。噂によると1公演1千万円くらいらしいです。1公演50万円程度なら一般会員にもゴロゴロいます。全公演見ても50万円には足りませんし、お花代にグッズも足してようやく百万円くらいだと思われます。このクラスでようやくコバサマです。おばさまになるには更に積まなければなりません。しかも社会的にもステイタスがないとなれないと私は聞いています。

会を通さずにプレゼントや手紙を渡したい

　プレゼントや手紙は、会に入っている場合は会を通して渡した方がいいようです。入りで渡せなかった手紙や差し入れは、チケット受け取りの時に代表さんに渡すのが基本です。出の時は、同じように、出にいられない理由を簡単に説明して渡してもらい

ます。ただ、会登録していない生徒さんの会の場合、チケット出しはありません。当日渡しのチケットは、もぎり横のチケット預けに預けられています。ここではプレゼントや手紙を預かってもらうことは出来ないので、楽屋口に入れることになります。

　ムラの場合は、ガラスを開けてすぐ右隣が公演中の楽屋の入り口です。ここで「おはようございます」と挨拶して、楽屋のお姉さんにプレゼントを渡しましょう。ムラは、宛先を書く紙がないらしいので、自分でメモ用紙に生徒の名前と自分の名前をあらかじめ書いておいて、セロテープで貼ります。中身の落下防止のため、紙袋の上三ケ所をテープで留めておくのも忘れずに。

　東京宝塚劇場の場合、劇場入り口から右側（建物の外）に楽屋口があります。ドアを開けた突き当りにテーブルがあり、そのテーブルに「手紙入れ」の箱があります。手紙だけならそこに入れましょう。プレゼントがある場合は、手紙入れの隣の箱に入っている白紙に生徒さんの名前を書いて紙袋に張り、ムラと同じように紙袋の上三ケ所をテープで留めます。そして右隣のテーブルの上に置きます。下級生は向かって右側の隅に置くようにしましょう。ちょっと遠慮がちに置いたように見えるといいと思います。上級生への差し入れやプレゼントの紙袋がテーブルの端にあって、下級生へのプレゼントが中央にドン！と置いてあると、図々しく見えてマイナスのイメージになってしまいますので。

　ちょっとした気配りがあるからないかで、敵も味方も作られますから、上下関係があるところは面倒ですね。

第 4 章 入り待ち・出待ち・お茶会・総見 デビューしてみよう！

差し入れがしたい！

　基本的に、生徒さん本人か代表さんに「何が欲しいか」をメールや LINE で、直接聞ける人だけが差し入れるものだと思って欲しいです。もし、差し入れに毒物が入っていたら・・・。そうでなくても生徒さんは、体調不良などによって休演するようなことがないように気を遣います。そのため、知らない人からの差し入れは絶対に食べません。あなたも見知らぬ人からの食べ物のプレゼントは食べたくないと思うでしょう？それと同じです。本人か代表さんにリクエストを聞ける立場の人、もしくは応援歴が長い人の遠征のお土産だけにした方がいいと思います。

　お手紙ちゃんは、昔、代表さんに「本日スタバを差し入れしてもよろしいでしょうか？」とメールしたところ、「生徒さんは、ソイラテが大好きなので、入れて頂けたら喜びます」とお返事頂きました。もちろん、本人分の 1 つだけを入れるなんて恥ずかしいことは出来ません。同期全員分入れなければなりません。当時、生徒さんは下級生だったので、同期は合計で 8 人いました。ご指定のソイラテを含め同期合計 8 人分、差し入れしていました。大体 5 千円です。いいお値段ですよね。

　会に入る前の話になりますが、お手紙ちゃんはお手紙を書き続けて 2 年ほど経っていたので、本人と直接連絡を取ることは出来ませんでしたが、構わず差し入れをしていました。その時は、千疋屋さんのフルーツゼリーを同期全員分 12 個。ただの差し入れにお手紙ちゃんは 1 万円近く使っていたのです。今思い出す

95

とアホだと思いますが、本人分1つだけなんて絶対に駄目ですよ。同期全員分、出来たら中付きの子（お手伝いの下級生）にあげる分もプラスして入れてあげて下さい。高価だろうが何だろうが、これが出来ないようでしたら、差し入れをしてはいけません。ちなみに、今現在は体重規制があり、ダイエットをしている人がほとんどです。せっかくの差し入れでも、ほとんど食べてもらえないと思っておいた方がいいようです。甘いものは特にです。体重管理が出来ないために、首になった生徒さんもいらっしゃいます。無駄なお金を使わないためにも、事前に代表さんか生徒さんに聞いて、答えを貰ってから差し入れして下さいね。

　お手紙ちゃんは、夏の暑い日にジェラートを差し入れたことがあります。過去、月影瞳さんが「中日劇場のソフトクリームが大好き」と歌劇に書いていらしたので、アイスも食べるだろうと思ったのです。真夏で、とても暑い日が続いていました。長髪の鬘に長袖詰襟のお衣装で、生徒さんも暑くて辛いだろうな、冷たいものでも食べて頑張って欲しいなと思ったからです。本当に暑い日だったのですが、銀座にある長蛇の列が出来るくらい有名だと聞いたジェラート屋さんに、お手紙ちゃんは汗をダラダラ流しながら、往復30分かけて買いに行きました。ジェラートは1カップに2種類選べたので、店員さんに相談しながら人気の味を選んでもらい、違う組み合わせにしてもらったり、一生懸命頑張って買いに行ったのでした。

　数日後、お手紙ちゃんが出待ちでギャラリーをしていたところ、ファンの方がその生徒さんに「アイスはお好きですか？」と質問していたのですが、「（お手紙ちゃんが差し入れた）ジェラー

第4章　入り待ち・出待ち・お茶会・総見 デビューしてみよう！

トが美味しかった」と言ってくれるはず！と思っていたのに、無表情の冷たい顔で「食べません。一切食べません」と言ったのです！！！！　お手紙ちゃんが、数日前にジェラートを入れたばかりだったのに！　同期全員分入れたから5千円くらいになりました。とてもとても暑い中、30分も頑張って歩いて買いに行ったのに。今思い出しても悲しい思い出です。こんなこともありますから、生徒さんや代表さんに直接確認してから差し入れして下さいね。

　差し入れしたい気持ち、お手紙ちゃんはよ〜く分かります。お手紙ちゃんも、差し入れをたくさんしていたくらいですから。でも、何度も差し入れするよりも、そのお金でブランド品をプレゼントされた方がずっとずっと喜ばれるそうです。悲しいですね。5千円×10回よりも5万円のお洋服の方が生徒さんは喜ぶそうなので、ハッキリ言って差し入れはしない方がいいと思います。お手紙ちゃんは、公演内容に関する物以外はもう食べ物の差し入れはしないと固く誓っております。

主演者会の難しいところ

　そうは言っても、主演者会＝トップ会の難しいところは、ビュッフェをいっぱいにしないといけないことなんです。ビュッフェとは、頂いた差し入れを「皆さんどうぞ」と置くテーブルのことです。ビュッフェに食べ物が多いと華やかで楽しい気分になるのはもちろん、空腹時や小腹が空いた時、気分転換にちょっと食べたい時などに、大変便利だと聞きました。先に、生徒さんは

口にしないことも多いと書きましたが、食べるのは生徒さんだけではありません。照明さんやお衣装さん、オーケストラの方、進行さん、舞台に関わる全ての方が利用します。どの人が欠けても舞台は作れません。その方たちのおやつや食事にもなります。よく、外部の役者さんが「○○さんから差し入れ頂きました！」と写真をあげていますが、あれと同じです。ビュッフェがいっぱいだとモチベーションが上がるらしいです。昔、意地悪なお姉さまがいらっしゃった時代ですが、ビュッフェの食べ物が少ない時には、主演している生徒さんに「差し入れが少ない」とお小言を言ったそうです。それほどに大切なものだそうです。今はそんなことを言うような方はいらっしゃいませんが、やはりビュッフェの食べ物は多い方がいいようです。トップ会、2番手会あたりの方は、会員なら代表さんに何がいいか聞かなくても大丈夫です。チケット出しの時にお客様が差し入れしているのをお見かけしますので、無理をする必要はありませんが、**お金に余裕がある**ようでしたら差し入れをしてあげて下さいね。

◇**生徒さんから聞いた、ビュッフェで喜ばれるもの**
　・マッターホンのバウムクーヘン
　・キルフェボンのタルト
　・銀座千疋屋のヨーグルトゼリーやサンドイッチ
　・スタバ
　・ミッシェルバッハのクッキー

　お手紙ちゃんの知る限り、上記は間違いない品物のようです。

第4章　入り待ち・出待ち・お茶会・総見 デビューしてみよう！

ほかには地方の銘菓も喜ばれるようです。その他の具体例として
は、北海道の「ハスカップジュエリー」は某組娘役さんの好きな
物です。「ままどおる」は某男役さんが、「博多通りもん」はトッ
プ娘役さんお2人の好きな物です。また、下記は過去の雑誌や
テレビで生徒さんが「ハマっている」と言っていた食べ物です。
食事制限の厳しい生徒さんですが、下記のものなら、もしかした
ら喜んでくださるかも知れません。

　・ドゥリエールさんのミルクレープ（シフォンケーキも美味）
　・ピエール・マルコリーニのチョコレート
　・キルフェボンのフルーツタルト
　・ペニンシュラのマンゴープリン
　・杏仁豆腐
　・叙々苑のお弁当
　・カットフルーツ（メロン以外）
　・「みずの」の塩大福
　・黒豆

　ここらへんはネットやテレビ雑誌などで見た憶えがあります。
テレビや雑誌などの美味しいものやお持たせの特集をチェックし
て、頭に入れておくといいと思います。ちなみに、贈答品として
よくあるメロンについてですが、メロンを食べるとアレルギーな
どで口や喉がイガイガする人がたまにいます。そのため、公演中
はメロンを食べられない生徒さんもいますので、気を付けて選ん
で下さいね。

99

第**5**章

まるで大奥？ 会の中でのお作法

宝塚の会だけでなく、世の中にあるファンクラブというもの全てが**「大奥」**と同じだと思います。大奥なんて怖いと思うかも知れませんが、基本的には同じようなものです。**主となるスターさんがお殿様。**お殿様に群がる女性たち。まさに大奥と同じ作りなのです。ざっと説明すると。

　代表さんが全体をとりしきる大奥総取締にあたります。**ファンクラブに入っている女性は、全てが側室**です。我が実権を握りたいと思っている人もいるでしょうし、とにかくご寵愛を受けたいと思って一心不乱に目立つように行動する人、どうしたら貢献が上がるか分かって行動している頭脳派の人、遠くから見てるだけで満足の人、友達を作って楽しみたいだけの人など。いろんな人がいますが、基本的には皆、お殿様のご寵愛が受けたいのが本音だと思います。受けられなくてもいいけど、でも自分より恵まれている人や、ご寵愛がありそうな人を見ると、つい嫉妬してしまうのも同じだと思います。そんな中で、ある程度のルールが出来てしまうのは、当たり前のことだと思います。

◇やってはいけない NG 行動

　次にあげるものは、会の中では暗黙のルールです。明文化されてはいないと思いますが、絶対にやってはいけないこと。

・会の情報を SNS にあげる

　会のグッズでこんな素敵な物を貰いました！と写真を UP するのは駄目です。これはマナー違反にあたります。販売されている写真等を写メに撮って twitter 等に UP する人がいますが、これは著作権侵害の可能性があります。また、他の会と比べてしまう

第 5 章　まるで大奥？ 会の中でのお作法

人がいるため、会からしても、あまりやって欲しくない行為でも
あります。

・スターさんの入り出の時間を SNS にあげる

　こちらは、会に入会したら教えてもらえる特殊な情報にあたり
ます。内緒で友人に教えるのは OK でも、SNS で不特定多数の
人に発信は絶対にダメ。他の会費を払っている会員さんに失礼だ
からでもあります。

入り待ちや出待ちの時のルールが
あるって本当？

　本当です。先ほども書きましたが、**会としての禁止事項**があり
ます。入り出の最中、以下はすべて禁止です。

・写真や動画の撮影

・飲食（飴や水分補給は OK）もちろん煙草も NG

・本を読んだり単語帳をめくったりなどの勉強

・電話や SNS、インターネット閲覧

・大声でのおしゃべり

・ギャラリーとのおしゃべり

　以上は会則には書かれていないかも知れませんが、明確に禁止
されています。理由は入り待ちのページを読んで下さいね。これ
以外にも、不愉快だったり止めた方がいいと思う行為があります。

103

・同じ会の会員に挨拶をしない
・隣の人を飛び越えて、更に隣の人に話しかける
・後ろの人に話しかける（ギャラリーはもちろん、会員同士でも
　NG）
・スターさんに自分の話を長々とする
・目の前を通るスターさんに話しかける
・他のスターさんの悪口を言う
・自分の所属している会や他の会の悪口（代表、スタッフ、お茶
　会の内容などの批判など）
・スターさんの服装やバッグを真似する
・派閥を作って嫌がらせや無視をする

　大体こんなところでしょうか。理由を説明したいと思います。

◇同じ会の会員に挨拶をしない
　たまに意地悪な人は無視してきますが、大人として挨拶だけは
したいものです。

◇隣の人を飛び越えて、更に隣の人に話しかける
　これ、非常にムカつきます。絵で分かりやすく書くと、○ ● ◎
と並んだ時に◎が自分だとすると、●の人に話しかけるのではな
く、○の人に話しかけるというものです。後ろから話すならまだ
いいのですが、大概は前から横切るように話し続けるのです。挨
拶程度なら構いませんが、これをずっとやられると、ハブられた

第 5 章　まるで大奥？ 会の中でのお作法

気分になりますし、非常に腹が立ちます。お話するなら隣の人と
お話しましょう。もし、どうしてもお友達同士で話したいなら、
入りの前にどこかで待ち合わせをしてから 2 人で同じ時間に入
るか、もしくは席の交換をお願いしましょう。

　入りでは楽屋口に近い人が、出では楽屋口から遠い人が、それ
ぞれその人に場所を換えてもらえるようにお願いするべきです。
ガードの場所は、最後に手を振る生徒さんが見やすくなるような
場所が基本的に上座になります。いずれにせよ「もしよろしけれ
ば、友達と話したいのでお願いします」と聞いてみるべきですし、
断られた場合は「逆の方がよろしいですか？」と伺ってみて、や
はり駄目な場合は諦めて下さい。

　入る前にメールや LINE などで、待ち合わせしてから入った方
がいいかも知れません。そうでない場合は、友達ではなく、その
日隣になった人とお話するようにして下さいね。無理に話を合わ
せるのが苦痛なら、黙って待っていてもいいと思います。私とし
ては、友達と話すのもいいですが、日頃話さない人とおしゃべり
して新しい友達が出来るのも楽しいと思います。どちらにしても
雰囲気が悪くならないように心がけましょう。お互いある程度気
を遣い合うのが大人の態度だと思います。

◇**後ろの人に話しかける**
　ギャラリーはもちろん、会員同士でも NG です。理由は、ガー
ドをしている目的です。何処から生徒さんが来るか分かりません。
気を張る必要はありませんが、後ろを向いてのおしゃべりはやら
ない方がいいでしょう。

105

◇**スターさんに自分の話を長々とする**

　挨拶以外に一言話しかけても大丈夫な会があります。そんな時に長々と自分の話をするのは、忙しいスターさんの貴重な時間を奪う行為であるとともに、他の会員さんが我慢している行為を行ってもいるわけです。皆、スターさんとは内心では話したいと思っているはずです。抜け駆け行為をしてはいけません。もし、毎回質問する時間を取っている会で質問係になったら、皆が聞こえるような大きな声で質問しましょう。出来るだけ自分の話をしないで、皆で楽しめる内容にしましょう。入り待ちで隣を歩く時も同じです。声はスターさんに聞こえる程度の声で構いませんが、出来るだけ後で皆に報告出来る内容で話しましょう。

◇**目の前を通るスターさんに話しかける**

　主に東京宝塚劇場でガードに入っている人ですが、自分の所属会以外のスターさんに話しかけている人がたまにいます。挨拶を含めて基本的には禁止です。まず、朝、発声練習をする前に声を出すのを嫌がるスターさんもいらっしゃいます。喉の調子があまり良くないなど、声を出したくない時に自分のファン以外から声をかけられても戸惑うだけです。昨日の疲れが取れてないこともあるかも知れません。今のガードのシステムとして、自分の所属しているスターさんに会いに来ているわけですから、他のスターさんに声をかけるのは、挨拶含めて止めるべきだと思います。もしスターさんが会釈を含めて挨拶してきたら、声に出して「おはようございます」などと、普通にご挨拶して大丈夫です。よく娘役トップさんがトップ会員に挨拶しながら通ったりするのを見

第5章　まるで大奥？ 会の中でのお作法

ますが、そのお姿はとても微笑ましいですよね。スターさんから挨拶をしてきた場合にのみ、挨拶や声をかけてあげて下さい。

◇他のスターさんの悪口を言う
　自分の所属している会や他の会の悪口

　他のスターさん、所属している会の代表やスタッフの悪口、お茶会内容などの批判などは一切禁止です。たまにこれをやっている人がいますが、絶対にやってはいけません。総見のお土産の批判や悪口なども同様です。壁に耳アリー、障子に目アリーです。

◇スターさんの服装やバッグを真似する

　これ、やりたくなりますよね。スターさんと同じ物を持ちたくなります。でも、やらないで下さい。スターさんは気持ち悪いと思うようです。スターさんは皆の憧れの的でありたいと思っています。ファンよりも雲の上の人だと思っていたいのです。神と同じ物を持つのは不遜だと思いませんか。それと同じようなことです。真似して同じものを持ったら、それは失礼な行為にあたるようです。

　もし、たまたま同じ柄の洋服や小物を持って来てしまったら、外しても大丈夫な場合は外した方がベターです。間違っても「同じ柄の服を着てますね」なんてカップルや友達のようなことを言ってはいけません。手紙にこっそりと「同じ服になっちゃいました、ごめんなさい。でも、同じ柄が好きだと思うととても嬉しいです」などと、スターさんが自分より上の存在であることを強調しつつ、あくまでたまたまであることを強調して書く場合はい

107

いと思います。スターさんは友達ではありません。会の友達に
「一緒の柄なの」と言って喜ぶのは構いませんが、スターさん本
人に言うのは止めた方がいいでしょう。私が見てきた経験上、言
うと嫌がられる率が非常に高いです。それと、スターさんは個性
を重視しているので、流行には敏感なのに人と同じであることは
嫌います。それも理由の1つです。

◇派閥を作って嫌がらせや無視をする

　これ、非常に嫌われます。会からもスターさんからも。理由は
お分かりですね。生徒さんの営業活動を邪魔しているわけです。
絶対にやってはいけません。同じように、派閥を作り、新しく
入った人の前で見せびらかすように皆を連れ立ってお茶やご飯に
誘うのも、同様の行為とみなされます。もし嫌がらせをされたら、
一度だけなら許してあげましょう。何度も続くようなら代表さん
に伝えて下さい。代表さんも、新しい人が増えないのはおかしい
と思っているはずなので、対策をしてくれる場合もあります。

集合場所へ行く時に、歩いてはいけない場所があるって本当？

　あります。公演終了前後のガードをしている**上級生会の前**を歩
いてはいけません。宝塚大劇場の場合、**花の道**を歩いて集合場所
に向かうのも厳禁です。理由は、**上級生会を見下ろす**ことになる
から。スター同士の中だけではなく、ファンの間でも学年順が採

108

用されています。ある種のバカバカしさはありますが、ルールが
あるのだから仕方ありません。必ず守って下さいね！

◇**チケット受け取りやガードなどのルール**

・**宝塚大劇場の場合**（P53 参照）

　宝塚大劇場で特に歩いてはいけない場所は**「楽屋口前」**とファ
ン広場前の**「花の道」**です。

　集合場所へ行く時に歩いてもいい初心者向けの道は**「大劇場を
出たら真っ直ぐハウジング駐車場方面へ。横断歩道を渡り、向かっ
て右、宝塚大橋方面へ」**歩いて行くのです。そのままレストラン
など、集合場所へ向かいましょう。もし、花屋のカサブランカさ
んや大橋方面を指定されたら、楽屋口を越したＴ字路にある「手
塚治虫記念館前」の信号を渡りましょう。ＮＴＴの前の信号です。
これなら楽屋口前は通らないで済みます。トップ会以外のファン
広場で集合の場合は、大劇場を出たら、そのまま向かって構いま
せん。上級生会の前を通ってはいけないというルールに触れない
ためです。

　同じように、チケットを受け取る場合もルールがあります。チ
ケットテーブルは、劇場の入り口に近いところが上座となります。
チケット受け取りは、**「受け取り開始」の声がかかってから**でな
いと出来ません。開演 30 分前からスタートです。総見など、特
別に早めに始まる場合を除いて、きっかり 30 分前からです。な
お、このスタートの声をかける人が決まっているようです。その
人が声をかけるまで始めることは出来ません。それより前に到着

したら、そのままスタッフの誘導に従い、並んで待ちます。「たった3分前だし、ちょっとだけおまけしてチケット渡してよ♪」というのは無理です。

　なんと言っても注意しなければいけない最大の決まりは、下級生会会員は**上級生会の前を通ってはいけない**ということ。これに尽きます。大劇場の場合は、劇場に向かい、出来るだけ左側を通るようにしましょう。簡易郵便局があるので、その前を通るつもりで行けばOK。もし、トップ会などの上級生会が行列している場合は、隙間が空いている場所を「失礼します」と断って通っても構いませんが、簡易郵便局で左折して、遠回りしてトイレの前を通って歩けば完璧です。チケットの受け取りが楽屋口の場合、早回りするためにもキャトルの中を横切るという手段もおすすめします。

・東京宝塚劇場の場合（P59参照）

　東京宝塚劇場のチケット受け取りのルールも同じです。30分前に所定の場所で始まります。晴れている日は、チケットの販売窓口の向かって左側、屋根のない場所のテーブルの一番入り口に近い場所がトップ会です。大体トップ会が2テーブル、2番手会が1テーブル、3、4番手さんと専科さん、組長さんで2テーブル、合計5テーブル出していた記憶があります。公演によって4番手以降は、そのテーブルを曲がった場所、通称銅像前と呼ばれる場所で、名前の入った箱を持っています。この全ての場所で、上級生の会の前を通ってはいけないのです。

　もし、私がトップ会だった場合。劇場前を通り、チケットテー

第5章　まるで大奥？ 会の中でのお作法

ブルの前にそのまま行けば OK です。しかし 2 番手会以降の場合は、まずシャンテとクリエの前の歩道を通るようにします。大通りに面したクリエの横断歩道を渡って、自分の所属している会のチケットテーブルに行くようにします。銅像前のチケット出しで各会の代表が並んでいる場合は、歩道の一番左側、大通りに近い面を歩くようにします。銅像前でチケット出しを行っている会の場合は、必ずクリエ前の横断歩道を渡るようにして下さい。

　チケットを受け取り、劇場へ向かう場合も要注意です。上級生会のチケット出しを横切ってはいけません。必ず一度自分の並んだ場所、並んだ 3 段程度の階段を元来たように通って、歩道の大通り側を歩いて劇場へ向かって下さい。出来たら横断歩道を渡りクリエとシャンテ前を通れたら完璧ですが、面倒なので、一度貰ったチケット袋を銅像の前を通りながら自分の鞄にしまいます。そうして何食わぬ顔で歩道からはみ出ながら劇場へ向かって下さいね。基本的にあまり車が通らない道なので、歩道から一歩くらい道を踏み外しても大丈夫なことが多いです。車の通りを見ながら、歩道のすぐ脇、上級生会の看板を持っている人にかからないように通るといいのではないでしょうか。肝としては、チケットを受け取った後の退路ですら、チケット出しの**上級生会の前を横切ってはいけない**ということです。

　ガードへ向かう時は、入りでトップ会がガードに入っている場合、必ずトップ会の後ろを通るようにして下さいね。チケット出しと同じく、クリエ前の横断歩道を渡ります。けして、楽屋前あたりを横切るように渡ってはいけません。上級生会がガードに入っていない場合、ガードに入るために並んでいるだけの場合

111

は、軽く会釈をするように俯いて歩けば大丈夫です。もしガードに入っている最中にぶち当たってしまったら、上級生会がガードに入り終わるのを待つしかありません。普通の会は、余裕を持って集合時間を組んでいますので、ガードに入り終わるのを待つくらいは大丈夫ですし、またそれをスタッフが目撃している場合は、状況を理解してくれます。逆に待っていたことを誉めてくれるかも知れません。

　下級生会の場合は劇場前を通らないことが大事です。集合場所によりますが、もし銅像前の場合は、JR の高架線の脇の通路歩き、クリエの横の大通り沿いから来るのも手です。入りの場合は、劇場前の歩道は歩かないようにした方が無難です。

出の場合も、入りと同じく上級生会の前は通ってはいけません。シャンテ前や劇場チケットカウンター前で集合の場合は、そのまま向かえば OK です。銅像側スタンバイの場合は、劇場前の歩道を必ず歩き、出来るだけ 3 番手会から見えないように向かいます。3 番手会の人が並んでいるようなら、軽く会釈をしながら俯いて歩くといいでしょう。歩道を歩いて銅像を越したら、自分の会のスタッフさんを探して並びます（並ぶ時の順番は組により違うようです）。銅像近くの看板付近が上座にあたる組もあれば、楽屋口近くが上座にあたる組もあるようです。いずれにせよ、上級生会の前やすぐ後ろを通らない方がいいでしょう。自分の会が列になっている場合は、下級生会の後、ポスターの貼ってある壁側を通りましょう。

　集合場所の銅像前で並ぶ時のポイントは、必ず通り道を確保しておくことです。**ポスターの貼ってある劇場の壁から、必ず 1**

第5章 まるで大奥？ 会の中でのお作法

人分の隙間を確保しておいて下さい。行列が何列にも続くように
なると、自分の会を通って並ぶことが出来なくなります。その場
合、下級生会側から壁沿いを通って並ぶようになるため、1 人分
空けておかないといけないのです。もしも壁沿いが空けらないよ
うな場所になりそうな時は、スタッフさんが誘導してくれるはず
ですが、スタッフさんが足りない場合は、率先して 2 列目 3 列
目を作りましょう。ただ、大体 11 人くらいは並べるはずなので、
8 人くらいでいっぱいになっている場合は、隣の人に「入れない
ので …」とお願いしましょう。初心者の場合は、挨拶とともに
「慣れてないのですが、ここでいいですか」と隣の人にお伺いを
立てるといいでしょう。普通は「ここで大丈夫」とか「いっぱい
だから 2 列目になった方がいいかも」と教えてくれます。親切
な人だとスタッフさんを呼んでくれたり、その場所まで連れて
行ってくれます。スタッフさんがいる場合はスタッフさんの指示
に従い、いない場合は皆で協力し合いましょう。

劇場近くの飲食店でもルールがあるの !?

　あります。簡単です。劇場内と同様に「スターさんの悪口を
言わない」「会やスタッフ、会員の悪口を言わない」これに尽き
ます。今の時代、SNS などですぐに書かれる時代です。「○○会
の人が××の悪口を言ってた」なんてことを書かれてしまっては、
スターさんに申し訳ありません。また、通称スタッフ部屋にいる
代表さんスタッフさんにも迷惑がかかる可能性があります。悪口

113

と批判が言いたいなら、カラオケボックスなどの防音された個室や、劇場から離れた場所にしましょう。また電車の中でも注意して下さい。とは言え、適度なガス抜きも時にはしたくなるもの。そんな時は個人的なメールや仲良しグループだけのLINEでやった方がいいかも知れないですね。

劇場内でのルール

　こちらも簡単です。全てのスターさん、全部の会についての悪口を言ったり、批判をしないこと。やはりこれに尽きますが、ちょっとしたマナーとして人の前を通る時に「失礼します」と言うか、軽く会釈をすることも忘れないように。特に座席に向かう時は、先に座っている人に一声かけてから通りましょう。立ち見も同じです。足を跨いだりする必要がある場合は、一応「すみません」と一声かけて、それでも足をどけてくれない場合に、「失礼します」と断ってから跨ぎましょう。座席に座る時に、隣の席の人がすでに座っていた場合、知らない人でも「失礼します」と言ってから腰かけましょう。トイレの手洗場などで次の人が待っている時には、「お待たせしました」などと一声かけると、お互い気持ちよく利用できます。

　エレベーターに乗る時も、先客がいる場合は「失礼します」と一声かけながら乗りましょう。降りる時にはボタン操作をしてくれた人に「ありがとうございました」と声をかけます。本来なら率先してボタン操作をして欲しいところですが、そこまで気を遣

うと疲れてしまいます。操作ボタンの前に来た場合は、快く操作してあげましょう。ボタン操作をした場合は、自分が降りる階では一番最後に降りて下さい。上の階へ向かう人がまだ乗っている場合は、「失礼します」と声をかけましょう。杖をついている人や高齢者が乗ってきた時には、あなたが健康で足に不自由がなければ、率先して降りて階段を使いましょう。

　以上は、ヅカファンである前に人としてのマナーです。知らなかった場合は、日常生活から実践してみるといいと思います。礼儀正しい人として、一目置かれること間違いないでしょう。

何でそんなルールがあるのか知りたい‼

　非常に面倒ですね。私も面倒だと思いました。アホらしいと思う瞬間もあります。しかし、ルールとして決まっている以上、仕方がないのです。何故、従わないといけないのか。それは全てスターさんのためです。

　昔の宝塚はイジメで有名でした。「靴に五寸釘が入ってたとか、衣装に針が入ってたとか、衣装を破かれたり、隠されたり、捨てられたり、なんてことが日常茶飯事だった。」というようなことを言っているOG様もいらっしゃいますよね。また、舞台でのセリフの間違いでも、その場面に出演している上級生全員に謝りに行かないといけない厳しい世界でもあります。予科本科の話はここで語る必要はないと思いますが、全てがひたすら厳しい世界です。つまり、場合によってはちょっとしたことで謝りに行かな

いといけない世界なのです。更に、自分の犯したミスでもない、ファンが犯した出来事でも、スターさんが謝らなくてはいけない場合もあります。ファンのしでかしたことで、大好きなスターさんが謝りに行かないといけないなんて。もしかしたら、その謝る時間で休憩時間が全部使われてしまうかも知れません。私が某OG様の事務所の方から直に聞いた話です。そのOG様の運転手さんが、「この人、OGさんの推薦で入団したんだよ」と、とあるスターさんの写真を指差したことがあります。私の推測ですが、その運転手さんはあちこちでその話をしていたのでしょう。噂がどこからか回り、その話を最初に運転手さんにもらしたとされる某下級生は、そのスターさんからこっぴどく怒られたようでした。「…でも内緒だよ。僕の話はデマだったんだ。この前、本人が僕のところに泣きながら電話してきてさ。『間違ったことを言わないで下さい』って。泣きながらだよ。私が間違ったことを言ったせいでイジメられたんじゃないかな。」とその運転手さんは話していました。

　世間話のつもりで話した情報が詳しい事情を知らない第三者（運転手さん）によって不正確なものとなり、回り回ってこっぴどく怒られた下級生さんがいたということです。それから、別の若手スターさんは風呂場で土下座させられたという話も聞きました。どちらも素人が聞いたら「そんなことで!?」と思うようなことかも知れませんが、どんな目に遭うか分からないんです。関係者の口から直に聞いた話ですから、本当のことなのでしょう。聞いたのはずいぶん昔の話なので、今はイジメなんてないかも知れません。出てこないだけかも知れませんし、イジメはなくても

116

第 5 章　まるで大奥？ 会の中でのお作法

謝らないといけないことには違いありません。アホらしいと思う
ようなルールやマナーでも、会での決まりです。ぜひとも大切な
スターさんのためにも、守って欲しいなと思います。

第 **6** 章

宝塚スターに愛されるには
（お手紙を書こう！初めて編）

違う章でも書きましたが、宝塚のスターさんにとって**お手紙は元気の源（心の栄養素）**です。私自身、この本を書いている時に、面倒になったり、書く気がなくなった時もあります。そんな時に、必ず最後まで書き上げよう、今すぐパソコンに向かおうと思わせて下さったのが、ネットでの励ましの言葉でした。

「楽しみにしてるね」

「必ず買うから」

「このことも書いておいて」

　このような書き込みに、どれだけ励まされてパソコンに向かう気になれたことか。この気持ちを、なかなか上手に伝えることが出来ません。

　私は、スターさんが「ファンレターが嬉しい」なんて言う言葉を、パソコンでファンがファンサイトを見る時に感じる「嬉しい」とか「幸せ」だとかという気持ちと一緒だと、これまで思っていました。今回、本の原稿執筆に際して私を応援してくれる人たちの言葉をこうして実際に受け取ってみると、「嬉しい」という幸せな感情がそれまで想像していたものと全く違っていたことに驚きました。本気で「今すぐパソコンに向かわないと」「頑張ってこの本を書き上げるんだ」と、ひたすら力とやる気が湧いてきたのです。皆様から頂いた言葉が、私にとって何よりの力となりました。本当です。たった一言でこれだけ嬉しいんです。力に、励みになるのです。

　だから「ファンレター」なんて貰ったら、どれだけ嬉しいか、力となるか。想像してみるだけで、スターさんの元気の源だと言い切っても絶対に過言ではないと思います。だからどうぞ、あなたも気軽にお手紙を書いてみて下さい。

第 6 章 宝塚スターに愛されるには（お手紙を書こう！初めて編）

◇初心者で、何を書いたらいいのか分からない

　そんな方もいらっしゃると思います。とりあえず簡単な見本をご用意しました。こんなふうに書いてみてはどうですか。きっと好きな気持ちが伝わると思いますよ。

※挨拶　　○○様
おはようございます。

※自己紹介
　初めてお手紙します。○○子と申します。
　もうすぐ 40 になります。事務員をしています。

※好きになったきっかけ
「凍てついた夢」という作品でした。その舞台で、あまりの瞳の美しさに驚き、ぼーっとなっていたら、スターさんがウィンクを下さったのです。あの時に一目惚れしました。

※好きな舞台や好きなポイント
　何といっても透き通るような、それでいて感情表現豊な歌声が大好きです。「ブルージャズ」が特に好きです。最初の「温かいのに切ない声」、サビの「振り絞るように心が叫び声を上げてるような感じ」に、涙が止まらなくなります。

※次に見る予定
　1 週間後です。友会で当たりました。友達と一緒に見に行

第6章　宝塚スターに愛されるには（お手紙を書こう！初めて編）

きます。とても楽しみにしています。

※締めの言葉

　毎日お忙しいとは思いますが、お体大切になさって下さい。

※会に入りたい場合

　スターさんのファンクラブに入りたいので、入会申込書を
送って下さるようにお願いします。

※お茶会に参加したい場合

　お茶会にもぜひ参加したいです。こちらの申込用紙も送っ
て頂けるようにお願いします。

名前　　　○○子

　これで OK です。案外、簡単でしょ。そんなに難しく考えるこ
とはありません。好きな点をねっちりと伝えたい場合は、ガンガ
ン書き込んで下さい。

　スターさんは、長い手紙も貰い慣れていると思いますが、なる
べく要点だけを書くようにしましょう。ダラダラと長い手紙は、
読みづらいし時間もかかるので、読みやすいように心がけた方が
いいと思いますよ。トップクラスになると、毎日千通以上の手紙
が来るそうです。読んでもらえるか不安だと思いますが、要点を
絞って短く愛を伝えれば、必ず読んでもらえます。若手のスター
さんが「トップさんはちょこちょこ合間を縫って読んでる」と教

123

えてくれました。ファンレターは元気の源となる大事な栄養素であると同時に、顧客の情報をリサーチ出来るのですから、今のスターさんはファンレターを必ず大事に読んでいると思います。どうか「手紙なんて読んでもらえない」と思わないで、しっかりと愛を伝えて下さいね。

　ちなみに、私がトップさんに手紙を書く時は次のように箇条書きにしています。

おはようございます！
○月×日、昼の部見ました！
・芝居OP超格好良かったです！　上手を見る目線が力強くて、王らしくて最高でした！　ここでは力強いのに、後でヒロインに対して深い悲しみを持つ瞳で見つめるので切ないです。
・ヒロインに「愛してる」と言う台詞。辛そうで、日頃の2人のすれ違いを強く感じて最高でした！　出会いの場面の死んだ婚約者の存在も強く感じて、涙が止まらなくなりました。
・マント捌き麗しくて最高でした！
・跪くお姿の美しさ、差し出す手の高貴さ、さすが威厳を感じてここが最高に好きです！
次は1週間後です。それまで大好きなトップ様の舞台が見られないなんて、とても寂しいですが、それまでトップ様の舞台を思い出して、仕事頑張ります☆愛してます！

　どうしても長く書きたい時は書いてしまいますが、出来るだけ何を感じたのか、それを書くようにしてます。

第6章 宝塚スターに愛されるには（お手紙を書こう！初めて編）

日刊お手紙のすすめ

　本当か嘘かは分かりませんが、10年ほど前にスターさんから聞いた話です。「歌劇団は人気のバロメーターの１つとして、誰にどのくらい手紙が届いているか調べている」とのこと。そんな馬鹿なと思いますよね。でも、もし本当だとしたら、人気投票に参加しないのは勿体ないと思いませんか。

　長文を書くのは大変でも、ハガキ１枚くらいなら、そんなに時間もかかりません。出来るだけ毎日、毎日、手紙を書くのです。もちろん、本当に毎日書くのは大変です。お稽古が休みの日や休演日にはお休みしても構わないと思います。でも、出来るだけ毎日書くといいと思います。そうしたら、初心者だったとしても、すぐにスターさんに名前を憶えてもらえるはずです。名前を憶えてもらったらしめたもの。顔と名前を一致してもらえるのももうすぐです。**最初のうちは、毎日書きましょう。**

　先ほどご紹介した手紙の内容を簡単に少しアレンジするだけです。「好きになったきっかけ」を「好きなところ」と変えて、「体の内側からあふれ出す感情表現豊かなダンスが大好きです」などと書いて気持ちを伝えたらいいのです。「あの場面のこの振りが好きです」などと舞台で演じている場面の具体的な感想を、毎日、同じ便箋やハガキを使って、最低でも続けて１週間は毎日書きましょう。もちろん、１日２通書いて投函しても構いません。そうすれば、「この人は新しいファンだけど、毎日手紙をくれる熱心なファンだな。」と思ってもらえます。

125

手紙は長くても、1日ハガキ1枚から便箋で2枚までの長さで。要領良くまとめられると一番いいのですが、最初から上手には書けないと思いますので、感情の赴くままに「好き」を言葉で表して欲しいです。「あの表情が好き」「あのポーズが格好良い」これだけでもいいのです。特に本をよく読む人は、語彙も豊富で表現力豊かに書けるでしょうから、感じたままを言葉にしてみて下さい。時には日記でも構いません。「今日は、街を歩いていて、スターさんにお似合いな洋服を見かけました。こんな感じの服です。私の中のスターさんはこういうイメージで、歌劇で着ていたあのジャケットが特にお似合いで格好良くて好きです。」など、必ずスターさんに結び付けるのがポイントです。

　そして、手紙の最後には必ず「スターさんの次の舞台が楽しみです。その日まで学業頑張ります。」など、「好きなスターさんを思い出して頑張る。」の一言を添えます。これだけで2行分は稼げますし、本当に皆様、そう思っているはずですから、ぜひその気持ちを伝えてください。それにファンの人が「自分を思って頑張ってくれているんだ。」と思ったら、力になるそうです。あの人が頑張ってるから、自分も頑張ろうっていう思い、スターさんも同じだと思います。

　あと、よく聞くのが、怪我をした人からのお手紙で「スターさんを思って頑張ります。」という言葉がとても嬉しかったという話。だから、ぜひその言葉も添えて、しっかりと愛を伝えて頂けたらと思います。毎日、手紙を出すようになると、たまにお便りが届かなければ、「あれ、今日来てないの？」って、スターさんも気になるようになると思います。そう思ってもらえるように、

126

第6章　宝塚スターに愛されるには（お手紙を書こう！初めて編）

頑張って毎日書いて下さいね。スターさんを思って、毎日手紙を書いているうちに、もっともっと愛が深まりますし、スターさんもきっと楽しみにしてくれるようになるはずです。

▌朝刊／夕刊でお手紙

　さて。毎日お手紙を書くといいよと書きましたが、黙っていても1日2回、書かないといけない時も来るのです。それはズバリ、公演中です。「入り」と「出」と、行くからには辛くても、どうしても2枚書かないといけないのです。入りと出に渡す手紙は、出席簿と同じです。渡すことに意義があります。書く内容がない時は、そう思えば少しは楽に手紙が書けるようになると思います……。とりあえず最低限の3行だけ書けば、後はシールやマスキングテープで埋められます。最低限の3行とは……

「おはようございます」
「今日は舞台を見ます（残念ながら見られません）。とても楽しみです（次はいつ見ます）。」
「名前」

　最低限、これでOKです。実際、私はこの3行の手紙を渡したこともあります。手紙を貰ったスターさんも「書く内容がないんだな」「手紙を渡したいだけなのだな」と理解してくれるはずです。でも、せっかく手紙を渡すのだから、何か内容のあるも

のにしたい！　そう思うようになったら、ひたすら情報収集です。常日頃から、アンテナを広げておくといいでしょう。公演に因んだもの、今、流行ってること。なんでも手紙のネタになります。それを、**スターさんに無理矢理絡めて書く**という力技も必要です。そこから先は愛で。いや、無理に「〇〇は、お好きですか？」で終わらせれば OK です。流行ってることに何かを感じる。しかしこれ、結構大事なのです。感性を磨くことにも繋がるから。

　これは最近気付いたことなんですけど、同じ場所で同じ状況にあったのに、何かを感じたり、これは大事だと思った人と、何も気付かないで「そんなことあった？」と言う人と 2 タイプあるんだなと。そうなると、これは舞台を見る時にも同じことが言えるみたいです。何かを感じて、手紙に感想として書くことが出来る人と、感想が何もない人と。これを続けていると、舞台の感想の手紙を書くのにも役立ちますよ。

　何かを感じる。

　これこそが感受性であり、舞台の感想だからです。スターさんは、自分の人生をかけて宝塚に入った人がほとんどです。自分が一生懸命頑張ったことに対する感想が貰える。これも、何かを作り上げる人の欲するものだと思いますし、それに応えていこうとすることが大きな力にもなるのでしょう。そんなお手紙を書いてくれるファンに出会ったら、どんなに忙しくても、その人からの手紙にだけは絶対に目を通してくれるのではないでしょうか。そんな繊細な感受性なんかないと思っている方も大丈夫です。あな

第6章　宝塚スターに愛されるには（お手紙を書こう！初めて編）

たの愛がしっかりと伝われば、それが一番大切なのですから。

公演中のお手紙

　前にも書きましたが、入り出の両方に参加する場合は、1日2回書かないといけません。

　入りは、「おはようございます。今日見ます。楽しみです！」の3行で大丈夫です。他に書くとしたら、如何にこの日を楽しみにしいてたかを伝えます。SNSでの反応や口コミでの評判を書いたりしても楽しいと思います。

　出では、何処が如何にどんな風に良かったのか、クドイくらいに書いてもらいたいです。出来ない場合は、箇条書きで構いません。「ここ良かったです」でもいいのですが、更に何をどう感じたのかを書くと喜ばれます。いくつか例を記します。

「サンが命を懸けて守ろうとした自由。今は自由が当たり前なので何も思わなかったけど、サンの行動を見て自由について考えました。」
「2階を見る瞳がキラっと光って超絶格好良かったです。悶えました。」
「あの手の使い方や表情がとてもそっくりで、10年後はこう育つと子供のサンと繋がってて素敵でした。」

　など。ひたすら「あの衣装が似合う」でも構いません。舞台を

129

見た当初は書きたいことが多くて、何ページにもなってしまうのに、回数重ねると書けなくなる。そんな方も多いと思いますが、何度でも同じことを書けばいいと思います。自分だけのツボみたいなのがあると、特に喜ばれるみたいですね。大抵同じようなポイントと同じような感想を貰うことが多いでしょうから、手紙を受け取るスターさんも褒められることに慣れてしまっていて「いつも言われないことが嬉しい」と思うので、ダンサーの人には敢えてダンス以外のことを褒める。シンガーには歌以外を褒めるのも喜ばれるみたいです。新たな自分の魅力を教えてくれる人は、かなり貴重な存在だったりしますので、どんなことでも書いてもらえたらなと思います。

　私の場合、思ったことは素直に表現してしまうので、駄目出しと思われることもしっかりと書いてしまいます。この駄目出しが大好きなスターさんと、どんなことでも批判されるのは嫌いなスターさんがいます。駄目出しが好きなスターさんがいるなんて、と驚かれるかも知れませんが、駄目出しを改善点と捉えれば、そこを工夫していくことでもっと良くなると考える超ポジティブ思考の人なんでしょうね。でも、やはり書き方には注意した方がいいですよ。

×「あの髪型は頭が大きく見えるし、役のキャラとしても合わないと思います。」

○「あの髪型より、こんな髪型は如何でしょうか。こちらの方がスッキリと見えると思います。もしくは、ここが膨らんでいる

第6章　宝塚スターに愛されるには（お手紙を書こう！初めて編）

と大きく見えるので、ここをスッキリさせてみては如何でしょうか。」

　必ず代わりの案も加えて書きましょう。採用されることはまずありませんが、スターさんのやりたいこともあると思いますし、そこをどう演じるのかと楽しみに見ることが出来ます。命を懸けて舞台に立っているので、スターであるという自覚もありますし、駄目出しされると傷付くこともあるでしょう。モチベーションが下がらないように、こうやって見えます……と、ちょっと控え目に書くくらいが丁度良いのかも知れません。

お稽古中のお手紙

　お稽古中はネタが尽きやすいもの。毎日入り出に行ける人ならともかく、遠方にいる人なら余計にネタがなくなりますよね。そんな時におすすめなのが、**次の公演の下調べ**をすることです。国の歴史、その時代背景。実在の人物の場合は、その人について調べます。今はネットでいろいろ調べられますが、図書館なども無料なので利用してみて下さい。あと、DVDなどを見ておくといいと思います。レンタル料金も安くなったので、有名な映画から見始めるのがオススメです。先に簡単な歴史の本を読んでおくと、内容の細かな点も理解しやすくなります。

　例えば、衣装や小物に関する薀蓄（うんちく）を知ると、更に見るのが楽しみになりますよ。宝塚お得意のフランス革命につい

131

ては、かなりの資料がありますので、調べるのも簡単です。ス
ターさんも資料をたくさん集めて勉強されたりしますが、中には
時間があまりなくて、詳しく調べられないこともあるでしょう。
そんな時には、ファンからの資料が参考になるかも知れません。
無名だったり昔過ぎて入手が困難な DVD などを教えてあげたり、
送ってあげるのもいいと思います。スターさんを思い出しながら
資料や歴史小説を読むのは、とても楽しいひとときです。ぜひ試
して見て下さいね。そして、その感想を送るのが大切です。最後
には必ず**「公演をとても楽しみにしています」**という言葉を添え
るといいでしょう。この一言がとても大切です。この言葉を励み
にして、日々の練習にも更に力が入ることでしょう。

＊全国ツアー中のお手紙は、ムラの歌劇団に送りましょう。
　ツアー会場のホールに送るのは迷惑のようです。
　すぐに伝えたい気持ちは諦めて、ムラにお手紙を送りましょう。

演出家へのファンレターの宛先

　〒 665-8585　宝塚歌劇団 演出部
　　○○××先生
　演出家へお手紙を送る方も多いようです。

第6章　宝塚スターに愛されるには（お手紙を書こう！初めて編）

ファンレターの宛先

◇宝塚大劇場（公演中、またはお稽古期間中）

　〒 665-8585　宝塚歌劇団　○組　○○××様

◇東京宝塚劇場

　〒 100-0006 東京都千代田区有楽町１－１－３

　東京宝塚劇場　宝塚歌劇団○組　○○××様

◇梅田芸術劇場　大ホール（シアタードラマシティ）

　〒 530-0013 大阪府大阪市 北区茶屋町 19-1

　梅田芸術劇場　メインホール（Ｂ１　シアタードラマシティ）

　宝塚歌劇団　○組　○○××様

◇博多座

　〒 812-0027 福岡県福岡市博多区下川端町２－１

　博多座　宝塚歌劇団　○組　○○××様

◇中日公演

　〒 460-0008 愛知県名古屋市中区栄４丁目１－１

　中日ビル９Ｆ　中日劇場　宝塚歌劇団　○組　○○××様

◇ ACT シアター

　〒 107-0052 東京都港区赤坂５丁目３－２ 赤坂サカス内

　ACT シアター　宝塚歌劇団　○組　○○××様

第 7 章

宝塚スターに愛されるには
（入り待ち出待ち編）

宝塚スターに愛されるには・・・

　これは、ファンクラブに入って、スターさんと接触する可能性
のある人には永遠の課題だと思います。誰だって、愛するスター
さんには愛されたいですよね。先に言っておきたいのですが。

**　会と生徒は別**です。

　もう一度書きます。会と生徒は別なんです。生徒さんにあんな
に尽くしているのに、生徒さんは私を気に入っているのに、会の
扱いが悪いの。どうして？そう思う人もいると思います。また、
逆も然りです。何故でしょう。話は簡単です。会には会の事情が
あり、**会の利益を出してくれる人の貢献を上げる**からです。ひた
すら、会と生徒さんは別の母体だと思ってもらえたらいいと思い
ます。だから、扱いが悪くても、生徒さんのお気に入りになるこ
とは可能ですし、逆に生徒さんに嫌われていたとしても、会に
とっての利益をしっかりと出していれば、貢献を上げることは可
能です。そのことを踏まえた上で、どうやったら生徒さんに好か
れるかなのです。これはとても簡単なことで、生徒さんを喜ばせ
ればいいのです。

　皆様も同じだと思いますが、どんな人が好きですか。いつも笑
顔の人、話が面白い人、美味しいお店を知っている人、美味しい
おやつをくれる人。いろんな人がいると思いますが、一緒にいて
楽しい人、もしくは喜ばせてくれる人だと思います。スターさん
も同じです。喜ばせてあげればいいのです。逆に嫌がることをし
たら、嫌われます。とてもシンプルな話ですね。

第7章　宝塚スターに愛されるには（入り待ち出待ち編）

　喜ばせるといっても難しい・・・。そこは情報収集が大切です。何が好きかを知って、そのセンスに合わせた物をチョイスすればいいと思います。例えば、猫が好きと聞いたら、ハガキは猫をあしらったものにするとか。その積み重ねです。「この人は私を喜ばせようとしている」そんな気持ちをスターさんは感じてくれます。でもセンスが良い物を見つけ出せる人は、そんなことしなくても自分の好きな物を選べば大丈夫だから「人生ズルいな」って思う瞬間もあります。私もいつも思います。何もしなくても、ありのままで普通にしていて好かれる人が本当にうらやましいです。

　でも、もしセンスがなくても、美人でなくても、話が下手でも、たくさんお金を使えなくても、愛されるようになれます。長く会生活を送っていたから、私には分かるのです。一番大切なことは、**相手を思いやれる素敵な人になること**です。これが、生徒さんに愛された人たち、みんなに共通する条件なんです。ちなみに、素敵な女性って、カバンの持ち方一つでもやっぱり違うんですよ。顔やスタイルじゃなくて、所作が美しいの。スターさんは舞台に立つ人なので、人の所作には敏感です。もちろん、手紙やプレゼントの美しい渡し方もあります。

手紙やプレゼントを渡す時の 美しい所作ってあるの？

　ハイ、あります！　基本は、マナーの本を読んでもらえたらと思いますが、せっかくこの本を手に取って下さった方には、簡単にお教えしたいと思います。

　まず、**「おはようございます」はしっかりと目を見て**言いましょう。舞台のある日はサングラス越しが多いです。サングラスの奥の瞳が見えないようでも、笑顔な瞳を想像しましょうね。口元は笑ってなくても、目だけの笑顔の可能性も高いです。あなたを大好きですと伝えられるように、緊張している場合も頑張って笑顔になるようにして下さい。真顔だと怖い場合が多いですから。

　東京では、人数が多いスターさんの場合、挨拶と同時に手紙を差し出します。ムラや人数が少ないスターさんの会など、お話出来る場合は、ここで少しお話タイムです。たくさんお話出来る「話上手さん」はそれだけでポイントが高いから、うらやましいです。でも、私のように話すのが苦手な人はどうしたらいいでしょう？ニコニコと笑顔で話を聞いて、特にスターさんの言葉に強く反応するようにするといいでしょう。もちろん、否定的な反応は駄目ですよ！　あくまで、大好きなスターさんのお話を聞ける大切な時間なのですから。一緒に楽しい時間を過ごしたいというスタンスで、話を聞くようにするといいかも知れません。ポイントは手紙やプレゼントを差し出す時です。

　まず**「手紙」**について説明します。

第 7 章　宝塚スターに愛されるには（入り待ち出待ち編）

◇立った状態で渡す際の注意点（ムラ）

・必ず手紙は両手で差し出しましょう。

・スターさんの差し出す手に渡すように心掛けます。スターさんに手紙を取りに来させてはいけません。

・差し出す時は、一度、手紙を軽く自分の方へ引きます。自分の鳩尾（みぞおち）のあたりでしょうか。そのあたりまで自分に引き寄せておいて、そのままスターさんの手に滑り込ませるイメージで渡すといいと思います。直線コースでスターさんに渡すより丁寧で綺麗に見えます。

・手紙は、スターさんから見て名前が読めるように、自分に手紙の頭が来る向きで持ちます。ただし、スターさんの手紙の持ち方がチェック出来るようなら、受け取る手ではなく、受け取った手紙を持つ手と自分の手紙が同じ角度になるように持ち直せると更に素敵です。縦に渡すか、横に渡すか、自分の手紙の向きではなく、相手が持つ時に、持ちやすくなるように渡すのです。後ろの方だとやりやすいです。スターさんを待つ時に、隣の人の手紙の形や向きを確認するのも手です。

・手紙を持つ部分は、出来るだけ角の部分にしましょう。

◇座ったままで渡す際の注意点（東京）

　1 列目 2 列目と、3 列目以降は渡し方が変わります。ほとんどはムラの立った時と同じです。違うポイントだけ書きますね。

　1 列目の場合、胸元に両手で持ってスタンバイしておき、両脇を締めて手紙を差し出しましょう（これは 2 列目も同じです）。

　2 列目の場合、1 列目の人が手紙を渡したあたりまで届くよう

139

に渡します。スターさんに手を伸ばさせないように‼

3列目の以降の場合、必ず立ち上がって、手を大きく前に伸ばして渡します。スターさんが前かがみになって受け取るようなことがないように、必ず自分から大きく前に手を伸ばしましょう。この時は、片手で渡して構いません。とにかく前に差し出すことを重視しましょう。鞄は地面に直置き出来るように、スーパーのビニールを常備しておくといいかも知れません。鞄を持ったまま、手を大きく伸ばすのは、自分も重心を崩して危ないですし、前の人の頭に荷物をぶつけてしまう可能性もあります。立ち上がった時は、足元に置けるようにして置くといいでしょう。

第7章　宝塚スターに愛されるには（入り待ち出待ち編）

階段の数え方と並び方

歩道を0段目とし、0段目から4列に並ぶ。

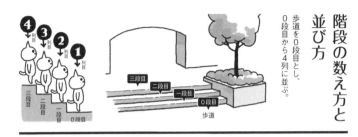

手紙の渡し方

3列目

立って渡す

1列目、2列目

座って渡す

4列目　片手でいいので、できるだけ手を伸ばす！

NG!! スターさんが手を伸ばさないように。

次に**「プレゼント」**について。

　誕生日やクリスマス、バレンタインなどの記念日などでプレゼントを手渡しする場合の所作です。基本的に、デパートなど高級品の販売員さんと同じ渡し方です。

◇１列目の場合（ムラ、東京共通）

　手提げの紐がビニールやプラスチック製で、何もしなくも立つタイプの場合は、紙袋の底を左手の平で持ち上げる感じで、右手で上部にある「取っ手」の付け根の部分を持ち紙袋を支えます。左手で重心を取り、右手で方向を決める感じです。取っ手の上部が、スターさんの手の位置に行くようにしましょう。一旦スターさんの手の位置より少しだけ持ち上げてから、高さをスターさんの手の位置に戻して渡すと高級感が出ます。

　紐が自立していない場合は、ちょっと大変です。渡す時は、紐の握る部分を生徒さんが持てるように、自分は紐の左側を左手で、右側を右手で握ります。ピンと紐が立った状態と同じになりますね。真ん中をスターさんが丁度握れるようにして渡します。プラスチック製と同じように、一度高めに持ち上げてから、首飾りでもかけるようにふわっと前に出すと高級感が出ます。

　どちらのタイプの紐でも、スターさんが受け取って手を引くまでは、底の部分を支えたままにしておくと、優しさと一生懸命選んだ気持ちが伝わります。特に香水などのある程度の重さがある物を持ち上げた場合は、落とさないよう、重さがダイレクトに伝わらないように、手を下げる時も少しだけ支えてあげた方がいいと思います。

第7章　宝塚スターに愛されるには（入り待ち出待ち編）

◇2列目の場合（東京）

　前列の人の頭にぶつからないように渡します。必ず前列の人の頭の脇を通るようするといいでしょう。ハンカチや化粧品などの小さな袋なら、ムラと同じで、左手を袋の底を持ち上げる感じで、右手は方向性を決めるようにして高く掲げ、前列の人の頭よりかなり高めにして渡します。スターさんに気を遣うと同時に、前列の人にも配慮しているのを見ると、スターさんは喜びます。

　大きな紙袋の場合は、紙袋を縦にして、前列の人の頭の脇を通します。この時、前列の人の頭にぶつからないように気にしながら、ちょっとゆっくり目に渡すようにします。プラスチック製タイプは左手で底を持ち上げ、右手は縦にした紙袋の角を持って差し出すと受け取りやすいと思います。紐タイプの場合は、同じく左手で底を持ち上げ、右手で紐が三角形になるようにするといいでしょう。どちらにしても、必ず縦になるように渡しましょう。

　3列目以降の人がプレゼントを渡す際には、1列目の人がスターさんの足場を作ってあげるといいかも知れません。よく気が付く人で、親切を受け取ってくれる人なら、その足場に足をかけてくれるはずです。スターさんがプレゼントを受け取った側へ1歩分ずれると足場が出来ます。帝国方面が最初だったら、帝国方面へ1歩、楽屋口方面から受け取った場合、楽屋口へ1歩分ずれるといいでしょう。1歩分前に出られるので、スターさんは前屈みにならずに済みます。プレゼントを貰う時に、スターさんの重心が崩れる場合があるので、危険です。出来たら足場を作ってあげましょう。この行為も、優しさだと理解してくれて、スターさんはあなたへの愛情を深めることに繋がると思います。

143

◇3列目以降の場合（東京）

　大きな紙袋でも小さな紙袋でも同じです。左手は紙袋の底を持ち、右手は紐、もしくは紙袋の角を持ちましょう。とにかくスターさんを前かがみにさせないように、大きく自分が手を伸ばすのが大事です。必ず紙袋の底を持って、スターさんがプレゼントの重みを出来るだけ感じないように、少しだけ左手を離す時間をゆっくりにします。手の動きは、スターさんが受け取るのをサポートするように、下の方に動かすといいでしょう。

　相手に何かを渡す所作が美しいと、貰う人も嬉しいと思います。特に舞台という場所で、人の役を演じる（＝再現する）スターさんでしたら、所作の大切さも分かっていると思いますので、ここで美しい渡し方をすれば、スターさんも「素敵だな」と思ってくれるに違いありません。

第 7 章　宝塚スターに愛されるには（入り待ち出待ち編）

プレゼントの渡し方

❶列目 普通に渡す

<紐がプラスチックの場合>
紐ではなく紙袋を持つ　　両手で紐を持ってもOK　　片手は紐、片手は紙袋の底

❷列目 片手は必ず底を持つ！

必ず人の間から！
※前の人の上に袋を落とさないためです。

袋の幅が狭い方を正面に

❸列目、❹列目 立って、伸びる！できるだけ手を伸ばす！

底を持ち、スターさんが紐をとるのを確認してから底を離す。

スターさんが紐を持ってもしばらく底を支えて。手を一緒に送る。

いい香り♥　スキ　服が　あたった

足場

3列目、4列目の人が渡すとき、1列目は1歩左へずれて足場を作ってあげましょう。
左へ動けなくても、隣の人と協力しあってね。

足場を作ってあげるとラッキーが♥

145

初心者が来たら親切に

　実は、一番大切なのがこれです。読んで下さっている方も、初めて参加した時、不安でいっぱいだったと思います。そんな時に、助けてくれたり親切にしてもらったら、嬉しくなかったですか？「誰も助けてくれなくて1人で大変だったわ。寂しかった。辛かった」と思った方は、同じ思いをしてもらいたくないと思うはず。

　ここで「私も辛かったんだから、皆辛い思いをするべきよ！」と思う人は、残念ながら本当の意味で愛される可能性は少ないと思います。何故なら、新しく入ってきたファンは、スターさんにとっては新しいお客さんだからです。ここで言うお客さんとは、スターさんの知り合いの意味のお客様とは違います。これからチケットを何枚も、下手したら何十枚も買ってくれる可能性のあるという意味でのお客さんです。

　スターさんには、実質上のチケットノルマがあります。もしチケットが売れなかったら、それは自分で負担しないといけないのです。1公演1枚余ったとしたら、12回で10万円です。いくらお金持ちだったとしても、まともな金銭感覚のある人だったら、10万円は大金ですし、また空席を前に舞台を務める寂しさも、大きく影響します。いずれにしても、新しいファンは生徒さんにとっては、大切な大切なお客さんにあたります。そのお客さんがリピートして何度も来てくれるようになったら、チケットを買う枚数を増やしてくれるようになったら、もしかしたらスター

さんの役付きも上がるかも知れません!! そう考えれば、新し
い会員さんが如何に大切か、よくお分かりになると思います。つ
まりは、新しい会員さんに優しくするということは、スターさん
を喜ばすことなんです! だから、**新しい会員さんに優しくして、**
スターさんを喜ばせて、愛されて下さいね。

◇新しい会員さんにどう接したらいいのか分からない!

　あなたが初めて来た時を思い出してみて下さい。もし、話しか
けてくれた人がいたとしたら、どんなふうに話しかけてくれまし
たか。同じようにしてあげたらいいのです。もし、自分から話し
かけていた人なら、同じ内容を聞いてみればいいでしょう。と
にかく「仲良くしましょう、楽しく応援しましょう。」という気
持ちを伝えられたら OK です。私自身、毎日入り出待ちに行って
いた時は、「新しく入った方ですか?」と聞いていました。でも、
新しく入った会では、次のように話しかけていました。
「よく入り出にいらっしゃいますか?」
「今日はいい天気ですね(寒いですね)」
　とりあえず、この言葉で話しかけます。天気は無難ですね。何
故、「新しく入った方ですか?」と聞かないかというと、古い
ファンの方で遠方に住んでいるために、劇場へはあまり来られな
い方がたまにいらっしゃるからです。研 10 あたりのスターさん
でも、研 1 からのファンはざらにいらっしゃいます。そんな方に
「新しい方ですか?」と聞くのはとても失礼ですし、まるで今は
自分の場所と言っているようで、これまた失礼にあたるからです。
「よくいらっしゃいますか?」だと、「自分は新参です。」「あなた

147

のお顔を知らなくて申し訳ありません。」の両方の意味になります。しかも、相手の応援している年月は聞いていません。古いファンの方なら「私は北海道に住んでいるから、あまり来られないの。1公演1、2回しか来られないわ。でも研1からのファンよ」。新しいファンなら、「前回の公演から土日から来ている」とも答えられます。もちろん、初めて来た場合には「今日が初めてなんです」と言う人もいるでしょう。なので、自分自身がまだ公演に通い初めて1年以内だったり、たまにしか来ない場合は、この言葉で話しかけた方が無難だと思います。「今日は公演見られますか？」もしくは、「この公演、見られました？」この一言で、格好良かったところを話せば大概大丈夫です。

◇聞いてはいけないこと

「今日のお席は何処ですか？」「何回見ますか？」と聞かれることは多いと思います。自力席や、「自分は何回見る」と相手が自分から話せば、そのまま聞いて構いません。ただ、この2つの質問は、会に取って頂いた席に関しては、貢献に直接関わってくるので、「あなたの年収いくら？」と聞いてるのと同じなんです。とても不躾で失礼な話なので、仲良くなるまでは絶対に聞かない方がいいとい思います。

　それ以外にも、他の章でも書きましたが、スターさんや会、会員さんの悪口は一切厳禁です。入り出以外で、お茶やご飯を食べる時も話してはいけません。何故なら、そのことで会に対する偏見が出来てしまい、せっかく楽しみに来ている会員さんのやる気を削ぐからです。また、こんな話をするなんて、嫌がらせかなと

148

も思われます。

逆に、初めてや、まだ仲良くなってもいないのに、この手の話をする人がいた場合は、その会員さんからは離れた方がいいでしょう。また、初めてお会いしたのに、この手の話をする会員さんがいた場合、会にメールなどで報告した方がいいと思います。この行為によって、せっかく来た会員さんが、二度と来たくないと思う可能性が高いからです。

会にメールする場合は、「○○さんという会員さんに初めてお会いした時に、ガード中（お茶に誘われて）このような話を伺い、驚きました」で構いません。常識のある会の場合、本人に直接注意はしませんが、何かしら対応を取ってくれるはずです。

初めて会ったのに、スターさんや会の悪口を言う人からは、遠ざかりましょう。

私が入った会で、初めてお稽古待ちに行った時に、貢献度の高い会員さんにお茶に誘われ、そこでスターさんの悪口、スターさんが如何に冷たくて酷い仕打ちをするか、お茶会が如何につまらないか、配席はじめ代表さんや会の悪口を聞かされた時には、とても嫌な気持ちになりました。「この会、ちょっと問題あるかも」と思ったのですが、思った通り、会員は増えていないようでした。

スターさん自身はとても魅力のある方だったのですが、新しい会員が入っては、貢献度の高い会員さんが潰していったようです。ご本人に自覚があったのかなかったのかは分かりません。無自覚なら注意して悪口を止めさせた方がいいでしょうし、自覚して

やっている場合、その人はスターさんを囲い込みたい人、つまり独り占めしたい人なのです。どちらにしても、スターさんの足を引っ張る行為をしていることになります。会に報告して対処してもらった方がいいでしょう。

　会に報告したくないなど、穏便に済ませたい場合は、話し始めたらすぐに違う話題を持ち出す方がいいでしょう。けして、「そうなんですか」などと相槌を打ってはいけません。「あなたもそう思っている、そう言っていた」になってしまうからです。ここで難しいのが、「冷たいと言えば、上級生さんはクールで格好良かったですね。」など他のスターさんの話をしたら、「あの人は一途ではない」と言い振らされて面倒なことになる可能性があります。その方の昔好きだったスターさんを褒めておく方が無難です。もしくは、お茶を切り上げてキャトルに行って本を読んだりして、時間を潰した方がいいと思います。

◇初めて来た人を紹介してあげましょう
　もし、スタッフさんがスターさんに「初めて来た人を紹介する」制度がない場合は、隣にいる人が紹介してあげましょう。隣の人が「今日、初めて参加された○○さんです」と言えば、その方も「初めまして、○○です、よろしくお願いします」と自分の名前を名乗ることが出来ます。スターさんが、その人の顔と名前をすぐに一致させられるのと同時に、スターさんがその分の時間だけ長くいてくれるというメリットも生まれます。何よりも最大のメリットは、「新しい人に親切にした優しい人」として、スターさんにインプットされるということです。

第7章　宝塚スターに愛されるには（入り待ち出待ち編）

　入り出に慣れている人なら自分から名乗る人もいますが、大概の人は挨拶出来るということも知りません。入り出自体、何をするか分かっていない人がほとんどです。なので、自分から名乗るなんて、恥ずかしかったり緊張して出来ない、申し訳ないから出来ないと思う人が大半です。そこであなたが紹介してあげたら、スターさんも初心者さんに「よろしく」と声をかけてくれるはず。紹介してもらった人は嬉しいでしょうし、スターさんも新しいファンが増えたと喜んでくれること請け合いです。

　もし、新しく来た人が手紙を持ってなかった場合、ハガキをあげましょう。そのために、予備のハガキをいつでも持っているといいですよ。手紙の簡単な書き方、「初めて参加します、今日は観劇します。名前」だけでもいいから、とにかく書いてもらうといいでしょう。もし、あなたが普段共通のハガキを使っているのであれば、「このハガキはあなたのハガキだな」と分かります。また、分からなかった場合、常識ある人は後日、「先日お隣になった（あなた）さんに、ハガキを頂戴しました。」と報告してくれるはずです。それによって、あなたの親切が分かるわけです。

　これが何度も続けば、あなたは「新しい会員に親切にしてくれる優しい人」と、ご贔屓のスターさんにインプットしてもらえます。つまり、愛されポイントが大幅にアップされるわけです。

◇解散する時に「次はいつ来る？」と聞いてみる

　入り出待ちで新しい人と楽しく話が出来て、ご贔屓さんに紹介出来たとします。新しい会員さんも満更ではなさそう。そしたら、駄目押しに「次はいつ来ます？出待ちは？」と次の約束をしま

151

しょう。あなたのおかげで新人さんが楽しい時間が過ごせたとしたら、本当は次に来る予定がなかったとしても、また来てみようと思ってくれる可能性が増えます。この繰り返しで、新しい会員さんを増やす努力をしましょう。ご贔屓のスターさんも、その努力を見て、更にあなたを愛してくれるはずです。

直接スターと話せる時に気を付けることって？

　一番肝心な時間ですね。今まで、もし失敗だなと思うことを繰り返しても、ここで挽回することが出来ます。

◇スターさんが嫌がることをしない、聞かない。
　もし、スターさんがプライベートを話すことが嫌いなタイプなら、無理して聞くのは止めましょう。実は結構多いのです、このタイプ。
　で、「答えてくれない、冷たい」と言うんですね。でも、嫌なものは嫌なんです。答えることが出来ないことは答えられないんです。察して、違う話をしましょう。疲れて本当に寝ていた可能性もあります。まだ言えないけど、劇団関係、その他取材対応などのお仕事をしていたのかも知れません。どちらにしろ、「言えない」ことに違いありません。無理して聞き出したり、何度も聞くのは止めましょう。それより、「昨日のお休みはゆっくり出来ましたか？」など、ちょっと違った聞き方をしてあげた方がいい

第 7 章　宝塚スターに愛されるには（入り待ち出待ち編）

と思います。

◇全然話してくれない

　話すのが苦手なのかも知れません。相手が話すのを待ってみて、話さない＝話す内容がないようでしたら、とりあえず、「はい」「いいえ」の二択で答えられるようにしてみたらいいと思います。「朝ご飯食べましたか？」「はい」その後に、「何を食べました？」と、具体的に話せる内容が出るように。話すのが苦手な人にとって、一番困るのは、「どうでした？」ですね。何をどう話したらいいのか分からない。それと、疲れていて思考回路が回らない場合も、話せなくなります。スターさんの顔を見て、まず元気なのかどうかをよく判断して下さいね。

◇お稽古の出待ち、もしかして私 1 人かも。行ったら迷惑？

　行くべきです。会から「出に来る人はメールして下さい。」のメールがある限り、行くべきです。もし困る場合は、会から「今日は遅くなるので、出待ちはなしです。」などとメールが来ます（本当に遅くなる場合もあります）。そうでない場合は「疲れているだろうし、私だけが待っていたら迷惑かも知れない。」なんて思わないで、行くようにして下さい。

　もし疲れていて話すのが大変そうな様子だったら、話しかけるのは止めましょう。ただ静かに一緒に歩いて手紙を渡し、「今日もお疲れさまでした。今日はゆっくり休んで疲れが取れて、明日は元気になれるようにお祈りしてます。」と言ってお見送りしましょう。「頑張ってらっしゃいますね。舞台が成功するように

153

お祈りしてます。舞台楽しみにしてます。」でもいいと思います。何時間も待ったんだから相手をして欲しい、その気持ちは分かりますが、スターさんの本業は舞台なんです。その本業のために頑張ってらっしゃるのですから、それを見守ってあげて欲しいです。「今日も会えて嬉しかったです。」と笑顔で言葉を贈ってください。あなたの気持ちはきっと伝わります。その真心を受け取ってくれるはずです。相手を見ながら行動する。相手を思いやる。その気持ちが伝われば、スターさんもあなたのことを大事に思ってくれるはずです。

　出待ちに慣れてくると、スターさんが思った通りのことを言ってくれないと、白けてしまう人がいます。これ、繊細なスターさんだと、かなり辛いみたいです。スターさんは、入り出くらいはスターとして扱われたいと思っているものです。なので、スターさんの言ったことに冷たい反応はしない方がいいと思います。たまに、冷たい空気が流れている会があるんですね。スターさんの話の内容の揚げ足を取ったり、スターなのにこんなこと言ってとか。自分の期待していた答えと違っていたからといって、白けたり不機嫌になったりしないで、スターさんの反応や、考える態度を楽しむようにして欲しいです。スターさんと話せたこと、スターさんと一緒にいられるという時間をもっと上手に楽しんで頂きたいのです。

第 7 章　宝塚スターに愛されるには（入り待ち出待ち編）

これをやったら嫌われる！
絶対にやってはいけないこと！

　これをやったら確実に嫌われます。それは**スターさんを馬鹿に
すること**です。スターさんが一番嫌がるのは、皆の前での駄目出
しです。舞台に関してはもちろん、オフのことも含めて、全てに
おいて皆の前での駄目出しは、絶対に行ってはいけません。皆の
前でスターさんに恥をかかせることになるからです。

　実は私、やってしまったことがあるんですね。ご贔屓さんがあ
る舞台の兵士の役で、最前列に並んでいた時に、皆は真上を見て
いたのに、ご贔屓さんただ 1 人だけ、目線の位置が違っていたん
です。だから、出の時にそのことを言ったら……。烈火の如く
声を荒げて怒りだしたのです。出の後で、会の方に「あれは駄目
だよ」と言われたけど、もう後の祭りでした。それ以来、退団公
演の時にも最後まで口を聞いてくれませんでした。何か聞こう
とすると、台詞がない場面なのに「ちゃんと台詞聞いて！」と、
ずっとその繰り返しで、とうとう千秋楽になってしまいました。

　入り出では、信者と言われようと熱狂的で気持ち悪いと言われ
ようと、入り出自体がマニアックな行為です。スターさんは劇団
の中では大変なこと、集中しないといけないことが多いのですか
ら、入り出の時くらいは気持ち良く、ご贔屓さんのモチベーショ
ンを高めるためにも、スターさんをスターさん扱いしてあげて欲
しいと思います。もしくは、スターさんがいるから楽しい。ス
ターさんがいてくれるから幸せ。そうスターさんに思わせるよう

155

な時間を作ってあげて欲しいです。この朝のモチベーションは大切です。皆様も、よくお分かりだと思います。朝、嫌なことがあると、その日1日台無しになってしまう。その逆もあると思います。ご贔屓さんが昨日の何かを引きずっていたとしても、ここで少しでもモチベーションを上げてもらえるように、ファンとして頑張って欲しいです。その連続が、「○○（あなた）さんがいると嬉しい」に繋がると思うからです。

◇手紙でも、基本的に駄目出しはしない

　こう書いていますけど、私は滅茶苦茶駄目出ししてます。初見の感想を便箋で10ページ分書いたとしても、99%は「ここ駄目、あれ駄目、あそこ下手」です。嘘だと思われるかも知れませんが、本当なんです。この駄目出しで、自分の欠点を直すチャンスだと思う人と、プライドを傷付けられたと思う人と、2つのタイプがいます。どちらのタイプか表面的には分かりません。TV番組などでいじられて「嘘〜」なんて笑っていたとしても、それはスター同士だから成立することなんです。だから、わざわざ嫌われるようなことを書く必要はないと思います。もし、同じ内容を書いたとしても、書き方がありますから、わざわざ嫌われる必要はないんですね。「ここはこうして見えました」だけでいいんです。もし場面に合わなくて違っていたとしたら、違う風に変えてくれるでしょう。

　例えば、私だったら「そこで下向いたら、将来薔薇色の結婚式の場面なのに悲観して見えるでしょ、もっと場面と目線の向きも計算したら？」と書いてしまいそうなところですが、「ここで下

156

第7章　宝塚スターに愛されるには（入り待ち出待ち編）

を向いてらっしゃるので、将来を悲観してるように見えました。」
これだけでいいんです。

　宝塚のスターさんは、宝塚音楽学校の受験で狭き門を潜り抜け、
音楽学校を卒業して、尚且つ日々舞台に立つ訓練をしているわけ
です。そのプライドは世界の山よりも高く、どんな海よりも深い
のですから、まずそこを第一に考えて書いて欲しいと思います。

◇意見とお願い

　私が一番最初にスターさんにお願いをしたのは、「そこで台詞
を区切ると意味が通じないから、ここで区切って欲しい」という
内容でしたが、違うところで区切られました。そんな感じで、駄
目出しは基本的に嫌がられます。こう聞こえる、こう見える。こ
れだけで大丈夫です。**絶対に馬鹿にしないこと**。たとえ裏でだけ、
SNS でだけと思っていても、馬鹿にしていることは確実に入り
出の時の態度で表れてしまうので、どうぞご注意を。
「あなたに会えて嬉しい」
「あなたと同じ時間を過ごせて幸せ」
「話す内容は何でいいから、あなたとお話したい」
「話すという行為自体が嬉しい」
　そんなふうに思って、いつも接して欲しいなと思います。

　スターさんは玩具ではありません。誰かの価値を上げるための
道具でもありません。常に人として尊敬出来る部分、すごいと思
う部分があるはずです。

　だって大好きなスターさんですから。だから、人として、ス
ターとして、いつでも敬いながら接して欲しいなと思います。

157

おわりに

　最後までお読み下さって、有難うございました。
　心からお礼を申し上げたいと思います。

　会活動は、幸せだからこそ、辛い時もあると思います。人と比べた瞬間から、楽しかった時間が辛いだけの場所に変わります。でも、そんな時には初心にかえって、何故会に入ったのか、思い出して欲しいです。
　スターさんを大好きだから。応援したいと思ったから。手紙を手渡しで渡したいと思ったから。だから会に入ったのではないでしょうか。本書では、私の宝塚での会生活20年弱を振り返り、好かれる人や嫌われる人の傾向をまとめて、こうしたら好かれた、ああしたら嫌われた、など実際に実感した出来事や具体的な行いを例にしながら紹介してきました。読んで下さった方が、少しでも何かを感じて、更に大好きなスターさんに愛されるといいなと、心から願っております。

　また、私に素敵なペンネームを考えて下さった方々、いつも「楽しみにしてるね」「買うよ」などと励ましのお言葉を下さった皆様、出版に際して「MYISBN」というものがあると教えて下さった方。風詠社の大杉様、藤森様、イラストのしらかべりえ様、佐々木恵子様、ミヤモトこたつ様、Ｔ氏様、皆さまのおかげで、このように本を出すことが出来ました。この場を借りて心から御

礼申し上げます。本当に書く時の「心の支え」になりました。スターさんが手紙を喜ぶ気持ちがよく分かりました。

　そして、名付けて下さったペンネームも大切に名乗らせて頂きたいと思います。本当に有難うございました。

　最後に、私のような「痛いファン」にも楽しい会生活を送らせて下さった各会の代表スタッフの方々、スターさんにも厚く御礼申し上げます。「宝塚」と「会」は、私の青春の全てであり、会生活がなければ今の私はなかったと思います。本当に有難うございました。

　読んで下さった方が、楽しい会生活を送れますように。
　ご贔屓さまの愛が、いつでも温かく心に響きますように。

　　　　　　　ジャック・ランタンに照らされた2015年の夜に
　　　　　　　　　　恋文かなえことお手紙ちゃんより

恋文かなえ

　ヅカファン歴約20年。某トップスターのお手伝いを経て、下級生スター、上級生スターの3人の卒業を見送る。初めて会に入会したのは、当時の4番手スター。初めての入り待ちで、知らずにお話した人が会の幹部で、入り待ちの解散直後に、幹部から直にお茶会のお手伝いに誘われる。その後、お茶会のお手伝いはもちろん、チケット出しの看板持ちなども務める。当時の人脈やネットでの出会いの中で、他の組のトップ会の幹部や、下級生会代表数人と知り合いになり、会の考え方を知る。また、一般会員として過ごした中で体験してきたことを通して、生徒に好かれるコツ、嫌われる行動を知る。今回の本では、その経験を活かし、具体的なアドバイスを書いている。2ちゃんねるの中で、通称「お手紙ちゃん」という名称で活躍中。

■好きな作品：「愛と革命の詩」「銀ちゃんの恋」「凍てついた明日」（98年雪組）「スカーレット・ピンパーネル」（星組）「クラシコイタリアーノ」「黎明の風」「シークレットハンター」「凱旋門」「花の業平」「プラハの春」「仮面のロマネスク」「逆転裁判！」「近松　恋の道行」「バビロン」「ラッキースター」「さくら」「CONGA！」他
■好きな花：百合以外ならなんでも。
■名前の由来：2ちゃんねるの住人さまから頂きました。

☺イラスト　　表　紙：しらかべ　りえ
　　　　　　　挿　絵：ミヤモトこたつ（P63-64、P121、P141、P145）
　　　　　　　　　　　佐々木恵子（P54、P60）
　　　　　　　中表紙：恋文かなえ

宝塚 非公認ファンクラブ マニュアル

2015年11月19日　第1刷発行

　　　　　　　　　　　　　　　著　者　恋文かなえ
　　　　　　　　　　　　　　　発行人　大杉　剛
　　　　　　　　　　　　　　　発行所　株式会社 風詠社
　　　　　　　　　　　　　　　〒553-0001　大阪市福島区海老江5-2-7
　　　　　　　　　　　　　　　　　　　　　ニュー野田阪神ビル4階
　　　　　　　　　　　　　　　℡ 06（6136）8657　http://fueisha.com/
　　　　　　　　　　　　　　　発売元　株式会社 星雲社
　　　　　　　　　　　　　　　〒112-0012 東京都文京区大塚3-21-10
　　　　　　　　　　　　　　　℡ 03（3947）1021
　　　　　　　　　　　　　　　装幀　2DAY
　　　　　　　　　　　　　　　印刷・製本　シナノ印刷株式会社
　　　　　　　　　　　　　　　©Kanae Koibumi 2015, Printed in Japan.
　　　　　　　　　　　　　　　ISBN978-4-434-21174-4 C0076

乱丁・落丁本は風詠社宛にお送りください。お取り替えいたします。